汉语讲话

王力 著

目 录

第一章 绪 论
 第一节 汉语的特性 …………………001
 第二节 汉语的亲属及其方言分类 …… 008

第二章 语 音
 第一节 汉语与四呼 …………………015
 第二节 汉语与四声 …………………020
 第三节 各地语音的异同 ……………026
 第四节 古今语音的演变 ……………032

第三章 语 法
 第一节 词在句中的位置 ……………040
 第二节 词是怎样构成的 ……………048
 第三节 各地语法的异同 ……………055
 第四节 古今语法的演变 ……………061

第四章 词 汇
 第一节 词汇与语音的关系 …………070
 第二节 词汇与意义的参差 …………076
 第三节 各地词汇的异同 ……………081
 第四节 古今词汇的演变 ……………089

第五章　文　字
　　第一节　汉字的起源及其演变 ············ 094
　　第二节　形声字的评价 ················ 099

附　录

字的写法、读音和意义 ················ 107
　　一、字　形 ···················· 107
　　二、字　音 ···················· 132
　　三、字　义 ···················· 147
　　四、同义词、新名词、简称 ············ 170
　　五、古语的沿用 ·················· 185
新字义的产生 ······················ 203
字　史 ························· 209
论"不通" ······················· 228
谈用字不当 ······················· 233
谈意义不明 ······················· 239
谈标点格式 ······················· 246

第一章　绪　论

第一节　汉语的特性

马克思主义告诉我们，任何事物和现象都有一定的"质"。这"质"是事物和现象内部所固有的一种规定性，它是许多性质、特征、特点的有机统一体，事物和现象就靠着这种规定性来和其他事物和现象分别开来。因此，我们要研究一种事物或现象，主要是研究它的"质"，研究它内在的规定性，也就是研究它所固有的那些特性。我们研究汉语，首先要了解汉语的特性，了解它和其他语言有什么不同的地方。固然，语言是一种社会现象，作为社会现象来看，语言本身也有它的特性，那是一切语言所共有的特性（对于其他社会现象来说，是特性；对于一切语言来说，是共性）。因此，汉语和其他语言也有共同之点，拿这些共同之点来比较研究也是有益的。但是，更重要的是了解汉语的特性，因为唯有做到了这一点，才能彻底了解汉语的内部固有的规律。

依我们看来，汉语有三个特性：第一，元音特别占优势；第二，拿声调作词汇的成分；第三，语法构造以词序、虚词等为主要手段。现在分别加以叙述。

第一，汉语里的元音是占优势的。元音是和

辅音并称的；元音又称母音，辅音又称子音。在许多语言里（例如西洋语言），辅音不一定和元音紧接，一个元音的前后可以带着三个以上的辅音，例如俄语 вскрытъ（"开""发现"）里和英语 splint（"裂片"）里都有五个辅音，至于一个音节里包括三个或四个辅音的，那就更为常见了。汉语的情形大不相同。在一个音节里，至多只能有两个辅音。而且，当它包含两个辅音的时候，必须是一个在元音的前面，一个在元音的后面，例如"班"字［pan］。辅音一定要和元音紧接；不可能两个辅音同时在元音的前面（如 kla），也不可能两个辅音同时在元音的后面（如 art），更不可能在元音前后都有两个辅音（例如 klart）。严格地说，汉语元音后面的辅音只算半个。拿"难"字［nan］为例，［a］后面的［n］只念一半（前半），它并不像［a］前面的［n］那样完整。由此看来，实际上，汉语一个音节至多只能包括一个半辅音。所以我们说，汉语里的元音是占优势的。

因为汉语里辅音必须和元音紧接，汉族人民养成了这个习惯，当他们学习外国语的时候，遇到不和元音紧接的辅音就发生困难。例如一个北京人念俄语 вскрытъ 往往念成"弗斯克雷奇"（［fu sɿ kə lei tɕ'i］），把原来的一个音节念成了五个音节。再举俄语里一个比较浅的词为例，例如 книга（"书"），许多人念成"克尼戛"（［kə ni ka］），也就是把该念两个音节的词念成三个音节了。汉人学外国语不容易学得像的地方，往往也就是汉语和外国语在语言结构上有差别的地方。

第二，汉语是拿声调作为词汇成分的。一切语言都有一种自然的声调，例如表示疑问的末了就常常用一个升调，表示陈述的终结就常常用一个降调，等等。这种自然的声调不算是词汇的成分，因为它们并没有词汇的意义。汉语的声调就不同了，它们是有词汇的意义的。例如"买"和"卖"，用国际音标标下来都是［mai］，它们之间的差别只在声调上。但是，这个差别可大了，拿北京话来说，［mai］念低升调表示给钱取物，［mai］念降调表示给物取钱，恰好是相反的两件事。在汉族人民看来，音同调不同（如"买""卖"）和调同音不同（如"卖""送"）是同一性质的两件事；因为都能影响词义的不同。外国人学汉语，对于声调最感困难。一不留神，就会把"买马"说成"卖麻"，等等。外国人难学的地方，也就是汉语特性所在的地方。

第三，汉语的语法构造是以词序、虚词等为主要手段，而不是以形态变化为主要手段的。我们知道，世界上有些语言的语法是有很复杂的形态变化的。拿俄语来说，名词和形容词有变格，动词有变位，语尾的变化是多种多样的。汉语里并没有这些变化。在西洋，小学生在学校里要背诵名词变格表、动词变位表；中国的小学生不需要这样。

但是，我们不能从这里得到一个结论，说汉语没有语法。外国人学习汉语，常常遭遇一些困难。例如词序弄错了（不说"猫比狗小"而说"猫小比狗"等），虚词用错了（不说"他为什么不来呢"而说"他为什么不来吗"），单位名词用错了（不说"一棵树"而说"一个树"）。这就证明了汉语是有结构规律的。语言的结构规律就是语法。

我们又不能从这里得出一个结论，说不以形态变化为主要手段的语言是低级的语言。语言是工具、武器，人们利用它来互相交际，交流思想，达到互相了解。汉语语法虽然在形态变化上显得比较简单些，但是它在别的结构形式上却又比较复杂些，它并不贫乏，千万年来汉族人民利用它来互相交际，交流思想，从来没有感觉到它有什么不够用的地方；正相反，我们人人都感觉到汉语是一种丰富、严密、表现力很强的语言。

以上所说的三种特性并不能概括汉语的一切特性，我们只拣最主要的来说。在东方和汉语有亲属关系的诸语言也往往具备这三种特性（如越南语）。我们说汉语有这三种特性，意思只是说，在全世界范围内大多数语言不具有这些特性，并不是说除汉语外没有任何语言具备这三种特性。相反地，东方诸语言许多是和汉语有亲属关系的，它们如果和汉语一样地具备这些特性，那也是很自然的。

过去，西方语言学家对汉语持有另外一种看法。他们认为，汉语是单音的，孤立的，分析的。

所谓单音的，就是说汉语里每一个词都只有一个音节，例如"天"[t'ien]、"地"[ti]等。其实，汉字虽然代表单音，汉语里的词却自始就不纯然是单音的。例如，《论语》里就有"天下""百姓""夫子""大夫""夫人""草创""讨论""修饰""润色"等复音词，这些词多数由仂语转成，数千年来新复音词的构成还是离不了这一种构词法。我们承认，古代汉语里的单音词是相当多的，可以说是单音词占优势的一种语言。但是，到了唐代以后，特别是到了现代，情形可不同了，由于复音词的大量增加，复音词的数量已经大大超过了单音词的数量。这是不容怀疑的事实。

所谓孤立的，是指一个个的"词根"堆砌成句，由词的位置来决定词性。其实就上古汉语来说，这话已经不很适当。因为虚词如"于""以""乎""哉""矣""也"之类绝不能认为"词根"。就中古汉语来说，尤其是就现代汉语来说，更不能说了，因为像带着词尾"儿"和"子"的名词（"门儿""刀子"），带着词尾"们"和"么"的代词（"他们""那么"），还能说它们只是"词根"吗？[①]

[①] 契科巴瓦教授在他的《语言学概论》里说"不变化的词好像词根"，并举汉语为例（183页）。我们认为这一段话是值得商榷的。参看苏联大百科全书第二十一册"汉语"条，那里的说法是和契科巴瓦教授的说法有出入的。

所谓分析的，是指依靠介词（前置词）、代名词、助动词等来表示语法关系。分析的反面是综合。综合语只依靠词的内部变化来表示语法关系，不需要介词、代名词、助动词等。例如拉丁语 ueni 等于汉语"我已经来了"，汉语用"我"字表示第一人称单数，用"已经"表示过去，而拉丁语是把"我"和"已经"的意思在 ueni 这一个词本身的变化中表现出来。（词本身的变化叫作"屈折"，因此，综合语又称屈折语。）在汉语和拉丁语的对比中，我们显然见到汉语是分析的，拉丁语是综合的了。在这一种意义上说，西洋语言也逐渐朝着分析的方向走，特别是英语、法语等。例如拉丁语 ueni 译成英语是 I have come，译成法语是 je suis venu，还是用了代名词和助动词。在现代语言中，纯粹综合的语言是很少了，只是分析的程度不同罢了。再说，汉语也不是纯粹分析的。拿现代汉语来说，动词词尾"了"表示行为的完成，"着"表示行为的持续，也就是综合的例子。

说汉语是单音语、孤立语、分析语，其实不是三件事，而是一件事。从西洋语言的角度来看，汉语是缺乏屈折形式（即词的内部变化）的。屈折形式往往在一个词的最后一个音节发生变化，汉语的词既然被认为都是单音词，就不可能有屈折形式；既然没有屈折形式，就只剩下一个"词根"，而成为孤立语了；既然只剩一个"词根"，许多语法关系都无从表示，就非借助于代名词、介词、副词、助动词、语气词之类不可了。但是,如上文所说,事实证明了这种说法是不全面的。

西方有的语言学家说单音语是低级的语言,屈折语是高级的语言。马尔的语言发展阶段论里,也把汉语归入"合成型"(等于说"孤立语"),算是现存语言中最低级的阶段。① 这些是对汉民族和许多东方民族的污蔑。其实每一种语言都有它的内部发展规律;语言作为交际的工具,我们应该看它整个的社会作用,而不应该抓住语法构造的某一方面去衡量某一语言是高级或低级的语言。现代英语一天比一天单音化、孤立化、分析化了,英美某些语言学者如果再坚持单音语、孤立语或分析语就是低级语言的话,他们自己的语言也就非归入低级不可。于是西方语言学家如叶斯泊生② 等人又换了一个相反的说法,他们拿英语作为衡量语言进步性的尺度,以为沿着分析方向前进的语言才是进步的语言。有人甚至利用这种虚妄的邪说来为自己的侵略政策辩护。我们对汉语的正确态度应该是:一方面坚决驳斥单

---

① 参看安德烈也夫的《马尔的语言学说》,徐沫译,大众书店版,第21页。又龙果夫教授的《现代汉语语法研究》,俄文本,第24页,引马尔的理论,分世界语言为三大类,低级是合成型,中级是接合型,高级是屈折型;又第22页引马尔派论汉语语汇语法的"原始性"。龙果夫教授对此加以驳斥。
② 叶斯泊生是丹麦人,但他的专门研究是英语。

音语是低级语言的荒谬理论,把爱国主义贯彻到语文教学中去;另一方面也要避免叶斯泊生一派的错误观点,把分析语认为最进步的语言,因而贬低了综合语的地位。总之,我们要重视语言发展形式中的特性。共同的语言是民族的特征之一;汉语的特性就体现着汉族的特征。可见我们研究汉语的特性是一种非常重要的研究工作了。

第二节　汉语的亲属及其方言分类

我们说甲语言和乙语言有亲属关系,意思是说它们有共同的来源。斯大林说:

> 其实不能否认语言的亲属关系,如各种斯拉夫民族语言的亲属关系是无疑地存在的;研究这些民族语言的亲属关系,是会使语言学在研究语言发展规律方面有很大益处的。[1]

俄语、波兰语、捷克语、保加利亚语等,都属于斯拉夫语系,因此它们是有亲属关系的。汉语的亲属是哪一些语言呢?就中国境内来说,少数民族的语言,许多是和汉语有亲属关系的,如苗语、瑶语、僮语、黎语、傣语、藏语等。就中国境外来说,暹罗语、越南语、缅甸语等,也是和汉语有亲属关

---

① 斯大林:《马克思主义与语言学问题》,人民出版社,第32页。

系的。这些语言所属的语言系族，西洋人把它叫作藏缅语系（以藏语、缅语为代表），或印支语系（由印度支那得名）。我们认为应该叫作"汉藏语系"，因为在这一个语系里，汉语是最主要的一种语言。

世界语言的系族略见下页的表。①

在这一个表中，我们应该注意的是汉语所在的位置。"世界语言"这四个字只表示世界上有这些语言，并不是说世界上所有语言都同出一源。因此，汉语的亲属语言只限于汉藏语系之内。

侗傣语族主要分布在广西、云南、贵州、海南岛等处，包括侗语、水语、莫语、僮语、布依语、傣语、黎语等。苗瑶语族主要分布在湘西山地、广西、贵州、云南和广东西部山地，包括苗语、瑶语等。藏缅语群就中国境内来说，主要分布在西藏、四川、青海、云南、贵州等处，包括藏语、景颇语（卡亲语）、茶山语、浪速语、纳苏语、撒尼语、阿细语、拿喜语（么些语）、民家语等。这些语言都是汉语的亲属。

现在谈到汉语方言的分类。汉语方言，应该分为多少类呢？由于方言调查工作没有完成，我们还不能确定。大致说来，可分为五大系。

---

① 参看伊凡诺夫：《语言的谱系性分类与语言亲属的概念》，第20—53页。又罗常培：《国内少数民族的语言系属和文字情况》，见《科学通报》二卷五期，第491—492页。

世界语言

汉藏语系

汉台语群
- 汉语
- 侗傣语族
- 苗瑶语族
- 暹罗语
- ……

藏缅语群
- 藏语
- 山头语
- 缅甸语
- 彝语
- ……

印欧语系

印度语系

斯拉夫语系
- 俄语
- 波兰语
- 捷克语
- 保加利亚语
- ……

日耳曼语系
- 英语
- 德语
- ……

罗马语系
- 法语
- 西班牙语
- ……

……

闪语系
- 叙利亚语
- 阿拉伯语
- ……

芬兰乌加尔语系

突厥语系
- 土耳其语
- 鞑靼语
- 突厥语系
- 乌孜别克语
- 维吾尔语
- 哈萨克语
- ……

蒙古语系

通古斯语系
- 满洲语
- 鄂伦春语
- ……

朝鲜语

日本语

马来波里尼西亚语系

南亚语系
- 蒙吉蔑语
- ……

班图语系

印第安语系

……

（一）官话方言，即华北方言、下江方言、西南方言①

1. 冀鲁系　包括河北、山东及东北等处。
2. 晋陕系　包括山西、陕西、甘肃等处。
3. 豫鄂系　包括河南、湖北。
4. 湘赣系　包括湖南东部、江西西部。
5. 徽宁系　包括徽州、宁国等处。
6. 江淮系　包括扬州、南京、镇江、安庆、芜湖、九江等处。
7. 川滇系　包括四川、云南、贵州、广西北部、湖南西部。

（二）吴语②

1. 苏沪系　包括苏州、上海、无锡、昆山、常州、湖州、嘉兴等处。
2. 杭绍系　包括杭州、绍兴、余姚、宁波等处。
3. 金衢系　包括金华、衢州、严州等处。
4. 温台系　包括温州、台州、处州等处。

（三）闽语

1. 闽海系　包括福州、古田等处。

---

① 这几种方言从前叫作"官话"。以下的叙述，为了简便，仍沿用旧称。
② 这里的"吴语"是采用的一般叫法，严格地说，该叫"吴方言"。

2. 厦漳系　包括厦门、漳州等处。

3. 潮汕系　包括潮州、汕头等处。

4. 琼崖系　包括琼州、文昌等处。

5. 海外系　指华侨的闽语，在新加坡、暹罗、马来半岛等处。

（四）粤语

1. 粤海系　包括番禺、南海、顺德、东莞、新会、中山等处。

2. 台开系　包括台山、开平、恩平等处。

3. 西江系　包括高要、罗定、云浮、郁南等处。

4. 高雷系　包括高州、雷州等处。

5. 钦廉系　包括钦州、廉州等处。

6. 桂南系　包括梧州、容县、贵县、郁林、博白等处。

7. 海外系　指华侨的粤语，在美洲、新加坡、越南、南洋群岛等处。

（五）客家话

1. 嘉惠系　包括梅县、惠阳、大埔、兴宁、五华、蕉岭、丰顺、龙川、河源等处。

2. 粤南系　散布台山、电白、化县等处。

3. 粤北系　散布曲江、乳源、连县一带。

4. 赣南系　在江西南部。

5. 闽西系　散布福建西北一带。

6. 广西系　散布广西东部、南部各县。

7. 川湘系　散布四川、湖南等处。

8. 海外系　指华侨的客家话,大部分在南洋、印尼。

上列五大系,其畛域颇为清楚;[①] 至于每系所分诸小系,则系初步调查的结果,还未能作为定论。

方言区域和政治区域不一定相当。河北、山东虽分两省,其方言可认为同属官话系;常熟与南通(城内)不但同属一省,而且仅隔一江,但其方言却分属吴语与官话两系。再说,为了迁徙的关系,两种不同的方言是可以同存在于一个小区域之内的。例如一县甚至一村之内,可以有两种不同的方言。客家话之在广西,大都散布各地,并不能独占一个区域,就是方言可以杂处的证据。

从表面上看,方言的区域是很难分的。假定有某字,其读音因地而异,如下表:

甲地	ka
乙地	ko
丙地	ga
丁地	go

若以声母而论,我们该认甲地与乙地为同系,

[①] 但也有人以湘语独立为一系。

丙地与丁地为同系；若以韵母而论，我们又该以甲、丙两地为同系，乙、丁两地为同系。这样，就语音方面划分汉语方言的区域，好像是做不到的。至于词汇、语法两方面，也有类似的难关。

那么，我们凭什么能把方言分类呢？要分语言为某某几系，必须先替每系下一个定义。依汉语情形而论，方言的分类最好以语音为标准，因为语法的分别很微，而词汇的分别也不太大。我们如果在语音方面替某语系下一个定义，那么，凡合于这定义的就归此系，问题就解决了。例如吴语的定义该是：

1. 有浊音 [b', d', g', v, z]，与古代浊音系统大致相当；
2. 无韵尾 [-m, -p, -t, -k]；
3. 声调在六类以上，去声有两类。

像这样下了定义之后，当然也有少数方言是在交界线上的。例如江苏丹阳没有 [b', d', g']，却合于吴语其余一切条件。这种方言我们只好叫它"准吴语"了。

第二章 语 音

第一节 汉语与四呼

汉语每字只有一个音节。例如"良"字,译成拉丁字母该是 liang。

仔细观察起来,"良"字第一个音素 l 是一个辅音,也叫作声母(在中国音韵学上,我们称这一类字的第一个音素为声母)。第二个音素 i 是一个"半元音",严格地说起来,该写作 [ǐ] 或 [ɿ]。第三个音素 a 是"良"字的主要元音,换句话说,就是"良"字的主要骨干。第四个音素 ng(ng 只算一个音素,国际音标写作 [ŋ])是一个辅音,其实只念半个。从第二至第四音素,在中国音韵学上,我们称为韵母。

又如"高"字,译成拉丁字母该是 kau。仔细观察起来,第一个音素 k 是一个辅音,是声母;第二个音素 a 是主要元音;第三个音素是一个短弱的元音,可称为次要元音。

有一点应该特别注意:在一个汉字里,如果似乎有两个以上的元音,则其中必有该认为"半元音"或"次要元音"的。次要元音与半元音都很短很弱,不能自成音节,必须附加于主要元音之前或之后才成音节。例如"表"字，译成拉丁字母该是 piau，我们必须把 i 与 u 念得很短很弱，然后"表"字只算包含一个音节，合乎一字一音的原则。如果把它们也念得像 a 音一样长和一样强，那么成为 pi-a-u，该说是一字三音，就不像汉语了。

为方便起见，我们把主要元音称为"韵腹"；韵腹前面的半元音称为"韵头"；韵腹后面的次要元音或辅音称为"韵尾"。有些字是韵头、韵腹、韵尾兼备的，例如刚才所举的"良"（liang）字，又如：

"先"sian，"宣"syan，"酸"suan，"飘"p'iau，"姜"kiang；

有些字是只有韵头、韵腹，而没有韵尾的，例如：

"借"tsie，"过"kuo，"卦"kua，"话"hua；

有些字是只有韵腹、韵尾，而没有韵头的，例如：

"高"kau，"东"tung，"根"ken，"来"lai；

有些字是只有韵腹而没有韵头、韵尾的，例如：

"路"lu，"基"ki，"波"po，"怕"p'a。

汉语有了这种特性，于是中国音韵学上有"四呼"的说法。让我先介绍四呼的名称与清初音韵学家潘耒所下的定义：

（一）开口呼　初出于喉，平舌舒唇；

（二）齐齿呼　举舌对齿，声在舌腭之间；

（三）合口呼　敛唇而蓄之，声在颐辅之间；

（四）撮口呼　蹙唇而成声。

这种说法似乎很神秘难懂，其实，如果我们另换一种说法，就非常容易懂了：

（一）开口呼　仅有韵腹[a],[o],[ə]，或[a],[o],[ə]后面带有韵尾者；

（二）齐齿呼　韵头或韵腹是[i]；

（三）合口呼　韵头或韵腹是[u]；

（四）撮口呼　韵头或韵腹是[y]。

四呼的学说仍有保存的价值，因为它是汉语一字一音的自然产品，拿它去说明汉语字音的演变与方音的异同，是很方便的。

就历史上看，有许多字是古属彼呼，今属此呼的，而各地方言的演化又各有不同。例如"真""侵"两韵，在古代是属于齐齿呼的，现代只有闽语与部分客家话能完全保存齿呼，在官话与吴语里就有一部分变入开口呼，粤语则完全变了开口呼。今用较严格的音标（即国际音标）列表举例，表见下页。

韵部	真 韵					侵 韵				
例字	真	陈	身	新	亲	针	沈	深	心	今
中古音	tɕiĕn	d'iĕn	ɕiĕn	siĕn	ts'iĕn	tɕiəm	d'iəm	ɕiəm	siəm	kiəm
闽语（福州）	tsiŋ	tiŋ	siŋ	siŋ	tsʻiŋ	tseiŋ	tiŋ	tsʻiŋ	siŋ	kiŋ
客家话（惠阳）	tʃin	tʃ'in	ʃin	sin	ts'in	tʃim	tʃ'im	tʃ'im	sim	kim
官话（北京）	tʂən	tʂ'ən	ʂən	ɕin	tɕ'in	tʂən	tʂ'ən	ʂən	ɕin	tɕin
吴语（苏州）	tsən	zən	sən	sin	ts'in	tsən	zən	sən	sin	tɕiən
粤语（广州）	tʃɐn	tʃ'ɐn	ʃɐn	ʃɐn	tʃ'ɐn	tʃɐm	tʃ'ɐm	ʃɐm	ʃɐm	kɐm

北方官话与吴语都具备四呼。客家话没有撮口呼，故实际上只有三呼。在西南官话、粤语与闽语当中，有些方言是具备四呼的，如四川、广州、福州；另有些方言是缺少撮口呼的，例如云南、贵州的大部分、广西南部与厦门。撮口呼必须有元音的[y]（韵腹）或半元音的[y]（韵头）。这[y]乃是[i]与[u]的混合音，舌的姿势像[i]，唇的姿势像[u]，并不是十分普通的音。俄语与英语里就没有它。德语虽有元音的[y]，却也没有半元音的[y]。法语才是二者兼备的。单就有无撮口呼而论，我们可以说：北方官话、吴语、广州话、福州话类似法语；客家话、厦门话、广西南部和云南、贵州大部分的话类似俄语与英语。

在汉语里，所谓韵头的[i, u, y]，不一定是真正的[i, u, y]，有时候可以是[e, o, ø]。例如"良"字，在某一些方言里可以念成 leang，而我们仍旧觉得它是齐齿呼。为求语音系统的整齐，也不妨认它为齐齿呼。其他合口撮口，亦可由此类推。

反过来说，有些字首的半元音，虽像韵头，但其辅音性甚重，亦可认为声母，同时此字可认为属开口呼。例如广州的"任"(jɐm)字，其中的[j]可认为声母，全字可认为属开口。

韵尾的[i]或[u]也不一定是真正的[i]或[u]，有时候可以是[e]或[o]。例如北京的"来"字，唱起来往往是 lai，在日常谈话里往往是 læ；"高"字唱起来往往是 kau，在日常谈话里往往是 kao。

四呼与声母也有关系。就全国而论，撮口呼是不在破裂音［p，pʻ，b，m，t，tʻ，d，ŋ］之后出现的。就北京而论，［tʂ，tʂʻ，ʂ，z̧，k，kʻ，ts，tsʻ］之后没有齐撮，［tɕ，tɕʻ，ɕ］之后没有开合。

四呼与韵母也有关系。有韵尾［i］或［y］的字往往没有齐撮呼，有韵尾［u］的字往往没有合口呼。潘耒一派的人以为一音必有四呼，只算是一种空谈。

第二节　汉语与四声

"四声"就是汉语字音里的四种调子。我们试看英文 in 字，任凭你把它念成几种调子，它的意义不会变更。汉语就不同了：同是 in 音，只因念起来调子不同，就可以有"因""寅""引""印"的分别。但"因""寅""引""印"只是现代语的四声，不是古人所谓四声。

依古代的说法，四声各有其名称：（一）平声；（二）上声（"上"字该读如"赏"）；（三）去声；（四）入声。古代平、上、去、入的标准调子是怎样，现在很难考定。至于现代各地的方言里，四声的演变也各有不同。官话系多数没有入声（北京"利""力"无别，"时""实"无别），其余各系方言则平、上、去、入都有。又因古代清浊音的影响，往往使一个声调演化为两个声调。例如官话的平声演化为阴平阳平两种，故虽失掉入声，仍存四声。客家话非但平声有两种，入声也分阴阳，共成六声。闽语非但平入有两种，连去声也有两种，共成七声。吴、粤往往能有七声或八声；其有八声者，就是平、上、去、入各分阴阳。广州入声分三种，因此共有九声。广西南部入声有分为四种者（例如博白），于是共有十声。

为方便起见，我们把阴平、阴上、阴去、阴入称为阴调类；阳平、阳上、阳去、阳入称为阳调类。阴调类大致与古代清音相当，阳调类大致与古代浊音相当（p, t, k, f, s 一类的音叫作清音，b, d, g, v, z, m, n, l 一类的音叫作浊音）。但是，所谓相当，并不是说现代的阴阳调类的分别就是清浊音的分别。固然，就吴语而论，阴调类同时就是清音，阳调类同时就是浊音；但若就官话、粤语、客家话而论，阳调类的字多数仍是清音，这因为浊音早已消失，我们只能从阳调类窥见古代浊音的系统而已。

就物理学上说，声调只是"音高"（pitch）的升降关系。请特别注意"升降"二字。汉语每字的声调虽是音的高低（不是强弱），但并不一定像歌谱上每字只配一个音符的样子。绝对音高固然用不着，相对音高也还不一定是汉语声调的主要特征。它的主要特征乃在乎其音高的升降状态。汉语的字调，很少是自始至终只在一个音符上头的。有时候,某一种字调颇像始终只在一个音符上头,例如北京的阴平声;但大多数的字调都需要两个以上的音符去表示它。当然,如果需要两个以上的音符,则每音符可以短到像十六分音符(或更短)。例如:

北京的阴平(衣)　　北京的去声(意)

北京的阴平是一个"横调",因为它是自始至终横行,不升也不降的(大致如此)。横行是它的特征;念它配ċ(do)固然可以,念它配b(si)也未尝不可,只要你念得不升不降,北京人听起来,就觉得是阴平声了。北京的去声是一个"降调",因为它是从高音降至低音的。降是它的特征;从ċ(do)降至e(mi)固然可以,从a(la)降至d(re)也未尝不可。降的起止点不拘,起点与止点间的距离也不拘。总之,中国各地汉语一切字调都可用"升""横""降""高""中""低"六个字去形容它们。例如北京的阴平可称为高横调,天津的阴平可称为中横调,广州的阳平可称为低横调,北京的去声可称为高降调,苏州的阴去可称为"高降、低横又稍升"调，等等。

关于声调的升降，上面五线谱还是不切当的。它从高音至低音，或从低音至高音，并不是跳过去，只是滑过去，是所谓"滑音"。譬如拉提琴，如果想要把北京"意"字的调子拉得很像，你的左手的指头不该先按ċ位再按e位，却该从ċ至e一直滑过去，以致介乎二者之间的一切音调都被你拉了出来。

有时候，单靠音的高低，也可以为声调的特征。例如北京的阴平与"半上"（在句中，上声往往只念一半）都是横调，不过阴平是高横调，"半上"是低横调。由此看来，它们的分别仅在高低。但是，这里所谓高低是相对的，不是绝对的。这好比唱歌或奏乐：任凭你把全部字调都换一个基调，听起来仍旧顺耳。又如女人的声音较高，男人的声音较低；女与女之间，或男与男之间，声音高低也不能一律。不要紧，你唱你的女高音，我唱我的女低音，张三唱他的男高音，李四唱他的男低音，大家都是对的。

中国各地声调的系统相差不算很远，因为都是从古代四声演化而来的。例如"天"字，全国都把它念入阴平。但是，阴平只是声调的一个名称，等于代数的 x；至于各地的阴平是怎样一个调子，却等于实际的数目。各地的阴平，念起来各不相同，好比你的 $x=3$，我的 $x=4$，他的 $x=5$。不要紧，大家都不错。例如北京的"天"字念成高横调，桂林的"天"

字念成中横调，梅县的"天"字念成中升调，都不算错；因为北京把一切的阴平字都念成高横调，桂林把一切的阴平字都念成中横调，梅县把一切的阴平字都念成中升调，各有各的系统。

由此看来，我们不该说某地的人把某字误读某声（例如北京人说梅县人的"天"字误读阳平，或说重庆人的"寅"字误读上声）。我从前曾举过一个很浅的譬喻：譬如甲校一年级的级旗是黄的，二年级是红的，三年级是蓝的，四年级是绿的；乙校一年级的级旗是红的，二年级是黄的，三年级是白的，四年级是蓝的。乙校的学生看见甲校一年级的学生拿着黄旗，就说："甲校奇怪极了，他们一年级的学生都用二年级的旗子！"这岂非类推的谬误？

各地的声调虽不能一律，但是，就普通说，阴调类往往较高，阳调类往往较低；吴语里这种情形更为明显。不过也不能一概而论。例如天津的阴平比阳平低，客家话的阴入比阳入低，都是与普通情形相反的。

四声当中，入声自成一类。平、上、去声都可以念得很长，只有入声是一种促音（湘语入声不促是例外）。吴语的入声是在元音之后来一个"喉闭塞音"（苏北官话之有入声者，亦同此类）；粤语与客家话的入声是在元音之后来一个［-p］、［-t］或［-k］；闽语（闽南话）兼吴、粤之长，入声共有四种收尾。

依传统的说法,每音必有四声,例如"乾、赶、幹、葛"就是平、上、去、入相配的四个字。关于这点,平、上、去都没有问题,至于入声就不大妥当了。试以上海音而论,"乾、赶、幹"是[kø],"葛"是[kəʔ],并不相配。又试以广州音而论,"乾、赶、幹"是[kon],"葛"是[kot],也并不十分相配。可见入声是自成一个系统的,拿它来配其余三声,未免有几分勉强;不过,传统的说法如此,我们也不必翻案了。

声调有字调与语调之分:一个字单念时是这个调子,与别的字连念起来,可以变成另一个调子。单念是所谓字调,连念是所谓语调。例如在北京话里,"北"字单念是上声,"河北"的"北"字也念上声,这是语调与字调相符的;但"北京"的"北"字念半上(上声的一半),"北海"的"北"字却变了阳平。又如在苏州话里,"套"字单念是去声,"圈套"的"套"也念去声,但"套鞋"的"套"却变了阴平。凡语调与字调不符的,叫作变调。

在汉语里,声调比其他语音成分更为复杂。例如北京、天津的声母韵母大致相像,而声调则不大相同。这大约因为声调仅是声音高低升降的关系,比声母韵母更容易发生变化的缘故。

第三节　各地语音的异同

譬如你是一个北京人，念英文的 bin（箱）字，像北京话的"宾"，一个上海人听见了，就说你不对，并且说应该念像上海话的"贫"。其实大家都不对；因为大家都只念对了一半。单就声调而论，是北京人念对了，上海人念得太低。单就清浊音而论，是上海人念对了；bin 里的 [b] 本是浊音，北京人念了清音。单就吐气不吐气而论，却又是北京人念对了，bin 里的 [b] 本是不吐气的，上海人念了吐气音。

从这个例子看来，可见各地语音的歧异有时候是一般人所不能了解的。每一个人，当他学习别处的语音的时候，往往是不知不觉地拿他自己认为相同而其实不相同的语音，去冒充别人的语音。但是，当你自己认为已经念对了的时候，别人偏能辨别你是冒充；所以外国人用拉丁字母翻译北京"宾"字的音不是 bin 而是 pin，翻译上海"贫"字的音也不是 bin 而是 b'in。

这是中国人学外国语的例子。此外我还可以举出许多中国甲地的人学乙地的话的例子。广州人以为广州的"同"字等于上海的"同"字，其实有清浊音的分别。苏州人以为苏州的"梅"字等于北京的"梅"字，其实除了声调不同之外，音素也不全同：苏州的"梅"是 [mɛ]，北京的"梅"是 [mei]。

北京人以为北京的"死"字等于上海的"事"字，其实有清浊音的分别。广州人以为广州的"试"字等于北京的"事"字，其实广州的"试"字不卷舌，北京的"事"字卷舌。这种情形，也是骗不过本地人，甚至骗不过本地的小孩子。一个北京人到上海，把上海的"事"念像北京的"死"，上海的小孩听了也会摇头。

中国方言的复杂，大家都晓得；但如果你肯仔细研究，就会觉得简单些。首先我们该注意：话学不好，有时因为词汇不对，有时因为声调不对，有时因为音素不对。譬如上海人初到北京，把"脸"叫作"面孔"，纵使声音念得非常正确，仍不算是北京话。但这是词汇的不对，与语音毫无关系，我们在本节里，应该撇开不谈。至于成都的"慢"字，念起来不像北京的"慢"，这是声调的不同；苏州的"先"(sie)字不像北京的"先"(ɕien)，这是音素不同；梅县的"良"(liong)字不像北京的"良"(liang)，这是声调音素都不相同。声调或音素的异同，才是本节讨论的对象。

就最大的轮廓而论，各地的方音有下列几个异点。

(一)清浊音或阴阳调类的分别

霸罢　拜败　贝倍　报暴　半伴　变辨　布步
贩饭　粪愤　讽凤　富父　戴代　到道　斗豆
旦蛋　当荡　凳邓　帝弟　钓调　订定　妒度
对队　断段　顿钝　冻洞　贵跪　耗号　汉汗
化话　记忌　救旧　建件　箭贱　进尽

官话(大多数):完全不能分别。
吴语:清浊音及阴阳调类都能分别。
闽语:有些能分,有些不能分。
粤语:阴阳调类能分别,但一律念成清音,无浊音。
客家话:清浊音及阴阳调类都不能分别;但其声母为 [p-, t-, k-] 者,则以吐气不吐气为分别(前字不吐气,后字吐气)。

(二)"知"类字与"资"类字的分别

知资　中宗　试四　迟词　初粗　衫三　痴雌
诗思　施斯

官话（一部分，例如北京）：完全能分别。
吴语：不能分别。
闽语：往往不能分别。
粤语（除广州一带）：大致能分别。
客家话：有些地方，除"初粗"①一组外，都能分别；另一些地方，则完全不能分别。

（三）"京"类字与"精"类字的分别②

京精　姜将　腔枪　香箱　继济　旧就　见箭
期齐　希西　献线　坚煎　件贱

官话（大多数）：完全不能分别。
吴语、闽语、粤语、客家话：完全能分别。

（四）韵尾 [-n, -ŋ] 的分别

宾兵　贫平　民名　银迎　痕恒　邻陵　新星

官话（一部分，例如北京）：完全能分别。

---

① "初租"一类的字，客家话不能分别，自有其语音史上的理由。因为语涉专门，此处只好不谈。
② 旧剧界的人把"京"类字叫作团字，"精"类字叫作尖字。有些人把"知"类与"资"类也叫作尖团。

吴语：完全不能分别。
闽语：福州话不能分别，厦门话能分别。
粤语：完全能分别。
客家话：一部分在韵腹上能分别（"民名""银迎"）。

（五）韵尾[-m，-n]的分别

甘干　谦牵　担单　添天　庵安

官话、吴语：完全不能分别。
闽语（闽南话）、粤语、客家话：完全能分别。

（六）入声韵与非入声韵的分别

毕闭	不布	迫破	僻譬	仆蒲	木暮	腹富
惕涕	突屠	托拖	拓唾	匿腻	诺懦	立吏
鹿路	律虑	割歌	各个	刮瓜	郭锅	渴可
哭枯	合何	划话	或祸	激基	稷际	接嗟
戚妻	乞起	泣气	绲础	屈区	吸希	悉西
焉细	协鞋	泄泻	只支	陟至	嘱主	祝注
尺耻	斥翅	插叉	出初	触处	失师	拾时
式世	涉射	蜀暑	述树	作做	凿座	促醋
撮挫	撒洒	肃素	索锁	揖衣	乙椅	益意
翼异	鸭鸦	叶夜	屋乌	物务	挖蛙	握卧
玉御	域喻

官话：或完全无分别（如北京），或多数字仅在声调上有分别（如川滇系官话，入声往往混入阳平），或完全能分别（如江淮系官话）。

吴语、闽语、粤语、客家话：完全能分别。

（七）入声韵尾 [-p, -t, -k] 的分别

[-p，-t] 执质　蝶迭　帖铁　纳捺　蜡辣
　　　　笠栗　湿失
[-p，-k] 立力　及极　劫结　习席　歃隙
　　　　汁织　十食
[-t，-k] 毕壁　末莫　密觅　七戚　实蚀
　　　　室释　瑟塞

官话、吴语（大多数）：完全不能分别。
闽语、粤语、客家话（大多数）：完全能分别。

以上所述，对于各地语音的异同，可算是挂一漏万。但为篇幅所限，不能多加述说了。

由这些例子看来，可见我们学习某一地的方音是不容易的。固然，学习方音有一条捷径，就是类推法：假设我们的声母 [ts-] 等于他们的声母 [tʂ-]，或我们的韵母 [-in] 等于他们的韵母 [-ian] 等等，一推就知，这似乎是一件很容易的事。但是，事情绝不会像这样简单的。实际上，往往有下列的两种复杂情形：

1. 我们的 [-in] 与 [-im] 都等于他们的 [-ian];
2. 我们的 [ts-] 有些等于他们的 [tʂ-],另有些仍等于他们的 [ts-]。

如果我们遇着前一种情形(像广州人学北京的"言""严"二字),仍旧有办法:只把一切我们读 [-in] 或 [-im] 的字都改读为 [-ian] 就完了。但若我们遇着后一种情形(像上海人学北京的"知""资"二字),就麻烦了:到底哪一些字该念此音,又哪一些字该念彼音呢?关于这个,唯一办法就是先求知道古音系统。这不是一般人所能办到的,所以只好靠硬记之一法了。

第四节　古今语音的演变

汉语的方音虽然复杂,但若从古音系统追究下来,就觉得简单了许多。研究语音史之所以极有兴趣,正因为它是有系统的演变:某字既变为某音,则凡与此字同系的字都变为类似的音。我们既知道了某字在某时代、某地域读某音,就可以推知与此字同系的许多字,在同时代、同地域也都读同样的声母或韵母,恰像我们知道了某人姓李,同时就可以推知他的兄弟姊妹都姓李。字音的演变,又可以搬家为例:除非不搬,搬起来就全家搬到同一的地点。偶然剩下一二个人不搬,或搬到另一地点,那么,他们一定有特别的理由。在语音史里,这种特别理由是音韵学者所能说明的;如果有些地方不能说明,只能怪音韵学者研究得不够精深。

在本节里,我们只能举一个例子,来表示语音演变之一斑。例如古代的声母 [k-]（注音符号ㄎ）,在现代北京、上海、福州、广州、梅县五处的方言里,有下页表列的演变情形。

由下页的表看来,各地语音的演变都是很有条理的。福州与梅县完全保存着古代的 [k']；北京、上海开合字念 [k']，齐撮字变为 [tɕ']（注音符号ㄑ）。广州开、齐、撮字以念 [h] 为原则,合口字以念 [f] 为原则；"揩、亏、坤、旷、启、衾、窍、却、驱、缺"等少数字念 [k']，是例外。但这些例外字在广州都可算是文言里的字,也许广州在文言里能多保存些古音,与吴语的情形相反。

古代念 [k'] 的齐撮字,为什么在北京上海变了 [tɕ'] 呢？[k'] 是舌根与软腭接触的音,而所谓齐撮字都是韵头为 [i] 或 [y] 的,它们都是舌的前部翘向硬腭的音。我们可以想象,假定你念一个 [k'i]，舌根翘起之后,马上得放下,让舌的前部再翘起,实在忙得很！于是声母 [k'] 渐渐倾向于变为与 [i] 或 [y] 部位相近的辅音,而适合于这条件的就是 [tɕ']，因为 [tɕ'] 也是舌的前部翘向硬腭,不过比 [i] 或 [y] 的部位高些罢了。然而这只是一种可能的倾向,并不是一种必然的结果；所以福州与梅县都没有走到这条路上,广州又另找一条路走。

古代呼type		开 口				合 口		齐 齿		撮 口	
例字	可	开	看	肯	客	苦	阔	欠	轻	劝	去
中古语音	kʻâ	kʻâi	kʻân	kʻəŋ	kʻak	kʻou	kʻuât	kjiam	kʻjiäŋ	kʻjiwɐn	kʻjiwo
北京	kʻɤ	kʻai	kʻan	kʻəŋ	kʻɤ	kʻu	kʻuo	tɕʻian	tɕʻiŋ	tɕʻyan	tɕʻy
上海	kʻu	kʻɛ	kʻø	kʻəŋ	kʻa	kʻu	kʻuə	tɕʻi	tɕʻiŋ	tɕʻø	tɕʻy
福州	kʻɔ	kʻai	kʻaŋ	kʻɛiŋ	kʻeek	kʻu	kʻuak	kʻieŋ	kʻiŋ	kʻuoŋ	kʻy
广州	ho	hoi	hon	haŋ	hak	fu	fut	him	hiŋ	hyn	hoy
梅县	kʻo	kʻoi	kʻon	kʻɛn	kʻɛk	kʻu	kʻuat	kʻiam	kʻin	kʻian	kʻi

古代念［kʻ］的开齐撮字，为什么在广州大多数变为［h］呢？我们知道，［kʻ］是一种吐气的辅音；如果气吐得厉害些，就等于［kh］。因此，我们想象广州的［kʻ］变［h］，大约是经过下列的许多阶段：

kʻ > kh > ᵏh > h。

先是气吐得很厉害（k > kh），后来［h］占优势，［k］变了附属品（kh > ᵏh）。最后，就索性摆脱了［k］，变为简单的［h］了。

古代念［kʻ］的合口字，为什么在广州大多数变为［f］呢？我们应该假定：［kʻ］在未变［f］以前，先经过变［h］的许多阶段。等到变了［h］之后，才渐渐地受合口呼的影响而变为［f］音。合口呼的字，其韵头或韵腹是［u］，这［u］是所谓"圆唇的元音"，发音时，嘴唇发生作用。［f］是所谓"唇音"，也是靠嘴唇作用的；［h］为圆唇元音所同化，就变为唇音［f］了。"空""恐"（hung）"哭""曲"（huk）等字也属合口呼，却又为什么不变为fung、fuk呢？这因为它们的［u］念得不够圆唇的缘故。撮口字（例如"劝"）的韵头［y］也是所谓圆唇元音，为什么它们的声母［h］不变为［f］呢？这也因为它们的［y］念得不够圆唇。

广州有些字更有趣：它们本属合口呼，声母由

[h]变了[f]，后来它们再变为开口呼，却仍旧保存着那个[f]。例如"科""课""快"三个字，我们可以推测它们的演变程序如下：

科课　k'uâ > k'uo > khuo > ᵏhuo > huo > fuo > fo。

快　　k'uai > khuai > ᵏhuai > huai > fuai > fai。

一切语音演变的现象，大致都可用这种方式去解释。在语音学上，有所谓"语音的定律"，在许多语音规律当中，又有最重要的两种方式：（一）同化作用，（二）异化作用。同化作用如上面所述，[h]受[u]的同化而变为[f]。异化作用如广州的"凡""法"二字，其演变情形略如下表：

凡　pji̯wɐm > fji̯wɐm > fɐm > fam > fan。
法　pji̯wɐp > fji̯wɐp > fɐp > fap > fat。

依广州音的通例，"凡"字本该念[fam]，"法"字本该念[fap]（因为它们在古代是以[-m]或[-p]为韵尾的，这种韵尾都被广州保存着，只有"凡""法"一类字是例外），为什么变了fan与fat呢？因为它们的声母[f-]是唇音，韵尾[-m]或[-p]也是唇音，念起来不十分顺口，所以把韵尾的唇音变为齿音［-n］或［-t］，就顺口多了。但也只是可能的，不是必然的，在客家话里，"凡"字仍旧念 fam，"法"字仍旧念 fap，并不曾发生异化作用。

此外，有两种情形是不能拿语音规律来解释的。第一，是别处方音的影响。例如依北京的通例，"贞"该念［tʂəŋ］（音同"征"），不该念［tʂən］（音同"珍"），因为它在古代是以［-ŋ］为韵尾的，这种韵尾直到现代还由北京保存着。它之所以由［-ŋ］变［-n］，大约是受了南方官话的影响。又如依客家话的通例，"开"字的声母该是［kʻ］，因为如上所述，古代的［kʻ］都由客家话保存着；但现在广西南部客家话的"开"字念［hoi］，这显然是受了粤语的影响。尤其是官话，它在数百年来，凭借着政治的力量，扩张它的势力；大家以此为"正音"，不知不觉地受其影响。首先受影响者当然是知识分子，故吴语、闽语里一字往往有两种音：一种是知识分子口里的"读书音"（或称"文言音"），也就是受官话影响以后的音；另一种是一般人口里的白话音，也就是未受官话影响的音。例如吴语"问"字的白话音是［mən］，读书音是［vən］。

第二，是借用外语的词汇，这与上面第一种情形不同：第一种情形是甲地方言中本有此字，不过字音受乙地方言所影响罢了；第二种情形是甲地方言本无此字，有时用得着乙地的字，就索性连带着用乙地的音。例如"他"字在吴语里念 tʻa，不念 tʻo，因为吴语白话里用不着"他"字，偶然在书报上看见，就索性用官话念它。又如"咖啡"的"咖"字，依北京语的原则，该念 tɕia，不该念 ka，然而因为它们是英语 coffee 或法语 café 的译音，所以北京人渐倾向于把"咖"字念成 ka。

从汉语史上看来，各地汉语方音同出一源，似乎无所谓正音，更无所谓进步的方言和落后的方言。但是，斯大林指出：

> 当然，除了语言之外还有方言、土语，但是部落或部族统一的和共同的语言是占着统治地位，并使这些方言、土语服从自己。[1]

又说：

> 某些地方方言在民族形成过程中可以成为民族语言底基础并发展为独立的民族语言。"[2]

---

[1] 斯大林：《马克思主义与语言学问题》，人民出版社版，第 10 页。
[2] 斯大林：《马克思主义与语言学问题》，人民出版社版，第 43—44 页。

斯大林并且引马克思的话来说明：

> 方言集中为统一的民族语言是由经济和政治的集中来决定的。[①]

由此看来，各地方言的地位是不同的。北京长期成为政治、文化、经济的中心，北京方言已成为民族语言的基础。为了进一步增强民族语言的统一性，就有促进语言规范化的必要。规范化的工作，主要是标准音的工作。汉语规范化运动正在展开，这一工作如果做得好，各地方音的距离将会愈来愈小的。

---

① 斯大林：《马克思主义与语言学问题》，人民出版社版，第12页。

第三章 语　　法

第一节　词在句中的位置

依 18 世纪法国语言学家波塞（Beauzée）的说法，词在句中是应该有合理的位置的。例如我们只应该说 Alexander vicit Darium（"亚历山大战胜大流士"——拉丁文），主格在前，宾格在后，动词表示主宾的关系，所以它的位置必须在主格和宾格的中间。如果你说 Darium vicit Alexander，就是违反自然，等于画家把树根画在上头，枝叶画在下面。如果你说 Darium Alexander vicit，更为不妥，因为主格和宾格之间失了联系了。[①]

这显然是一种主观的谬论。语言是思想的反映，词的次序该是和概念的次序相当的，拉丁语既然有 Darium vicit Alexander 和 Darium Alexander vicit 的说法，就可以证明这种次序并没有什么不合理的地方。拉丁语有名词词尾变化，固然可以有此次序（主宾格词尾有定，位置就可以随便了），即以没有名词词尾变化的语言而论，也未尝不可以有此次序。彝语是和汉语一样地被称为"孤立语"的，但是，在彝语

---

① 参看 H.Weil, De l'Ordre des Mots, P.13。

里，名词宾格却正是放在动词的前面的。例如撒尼语（彝语的一支）把"他拿小鱼喂猫"说成 [kʻi ŋa za vi mæ næ la tṣa]，直译应该是"他鱼小拿猫喂"（mæ næ 是猫，tṣa 是喂，la 是助词）。[①] 我们没有什么理由说撒尼语这种次序不合理。我们不能武断某一种次序为唯一合理的语言形式。

不但名词、动词的次序没有一定，形容词、副词的次序也是没有一定的。形容词固然可以放在它所形容的名词前面，例如英语 a white horse（"一匹白马"），但也可以放在它所形容的名词后面，如法语 un cheval blanc（"一匹白马"，直译则是"一匹马白"），又如上文所举撒尼语（"小鱼"说成"鱼小"）。副词固然可以放在它所修饰的动词前面，如汉语"慢慢地走"，但也可以放在它所修饰的动词后面，如英语 to go slowly。

但是，语言的词序虽无所谓合理不合理，至于具体语言本身的词序，在某些情况下，却是需要固定的。大凡缺乏某一类的词尾变化或附加成分，就需要词序的固定作为抵偿。例如英语缺乏名词的词尾变化，就只能说 Alexander vanquished Darius，不能再说 Darius vanquished Alexander，否则意义恰恰弄成相反了。

---

① 参看马学良：《撒尼彝语研究》，第121页。

大家知道，汉语没有西洋语言表示名词变格、动词变位的那一类语尾变化，所以词在句中的位置，自然该比屈折语更为固定。大致说来，句子的构成，可以有下列的十条规律。

（一）主语放在动词的前面，宾语放在动词的后面。——如"他来了"不能说成"来他了"，"他吃饭"不能说成"饭吃他"。我们知道，俄语因有名词变位，主语和宾语的次序可以不固定。平常虽然是主动宾的次序，例如 Доктор Ван лечит его（"王医生医治他"），但为了特殊的需要（譬如答复"谁医治他"这个问题），也可以变为宾动主的次序，例如 Его лечит доктор Ван（逐字翻译变成了"他医治王医生"）。汉语不可能这样做。有些语言虽有固定的词序，但是次序和汉语恰恰相反。例如"反对战争"，在日本语和彝语里都应该是"战争反对"（动词在宾语的后面）。在这里我们应该知道，词的次序并没有什么一定不易之理，而是按照具体语言的内部规律来决定的。

在特殊的情况下，主语也可以放在动词的后面。如："多漂亮啊，这个小孩儿！""这个小孩儿"应该认为倒装的主语。

不过应该注意"倒装"的看法。凡在同一时代的同一语言里，和经常的词序相反的造句法，叫作倒装。对于不同的语言，可以有不同的看法。例如我们对于日本语把"反对战争"说成"战争反对",不该认为倒装,反该认为顺装。同理,对于不同的时代也可以有不同的看法。例如上古汉语里否定句,代词宾语放在动词的前面("不我欺""不己知"等),那是上古经常的词序,就不该认为倒装,否则是缺乏历史观念了。

(二)领位放在其所限制的名词的前面。——如"中国的人民"和"人民的中国"意义的不同,完全是由词序来决定的。在"中国的人民"里,"中国"处于领位,表示"人民"是属于中国的,不是属于别国的;在"人民的中国"里,"人民"处于领位,表示中国是属于人民的,不是属于反动分子的。

(三)形容词放在其所修饰的名词的前面。——例如"大国""好天气""英勇的解放军"。试比较"国大""天气好""解放军英勇",就可以看出,形容词用作修饰语只能在前,在后就变了谓语了。词序的作用在汉语里是非常重要的。

在这一点上,汉语和其他汉藏语系的语言是不同的。就中国境内来说,藏语、彝语、苗语、僮语等,一般说都把形容词放在名词的后面(领位也往往放在其所限制的名词的后面,但不那么普遍);就中国境外来说,越南语、暹罗语等也是这样的。

（四）副词、用作状语①的形容词或仂语，放在其所修饰的动词、形容词或另一副词的前面。

1. 被修饰的是动词。如"快走""静坐""充分利用""全面发展""明确规定""好好地学习"等。

2. 被修饰的是形容词。如"不小""很好""大红""浅蓝""非常美丽"等。

3. 被修饰的是另一副词。如"不很大""绝不悲观"等。

某些副词可以放在其所修饰的形容词的后面，例如"大极了""好极了"；甚至有些副词只能放在其所修饰的形容词的后面，例如"大些""好些"。但这一类的副词是很有限的。

用作状语的形容词或仂语，如果变更了位置，不是放在其所修饰的动词之前，而是放在那动词之后，那么它就不再起修饰语的作用，而是起一种更重要的作用——谓语的作用。在这种情况之下，必须加上一个"得"字，如"走得快""利用得充分""规定得明确"等。汉语在这些地方更显示出词序的重要性，因为当我们把用作状语的形容词或仂语移到突出的地位去了之后，它们在句中的职能也就发生变化了，它们不再用作状语了，而是起着比状语更

---

① 动词或形容词的修饰语叫作状语。从句法上说，副词本身也是状语。

大的作用了。

另有一种结构和上述的结构相近似，就是极度的描写语，如"跑得他喘不过气来""打得美国侵略军只恨爹娘少生两条腿"等。上述结构和这种结构不同之点是：上述结构"得"字后面不能有主语，而这种结构"得"字后面能有主语。从意义上说，前者表示一种状况，后者表示一种后果。

（五）处所状语，一般放在其所修饰的动词的前面。——例如"苏联在古比雪夫建造水电站""美国在亚洲和欧洲许多国家境内建立军事基地""他在家吃饭""我在图书馆看书"。

但是，如果要表示动作的方向，处所状语就放在动词的后面。如果这动作是由上向下的，处所状语通常放在动词后面，例如"扔在地上""掉在水里"。如果这动作是由甲方到乙方的，一般也可以把处所状语放在动词后面，如"走向光明"，但是放在前面也是可以的，如"向光明的大道前进"。

有时候，是残留的古代语法和现代一般口语发生差别。例如"来自广州"是古代语法的残留，处所状语放在动词后面；但是现代一般口语只说"从广州来"，处所状语是在前面的。

（六）方式状语，一般也是放在其所修饰的动词前面。——例如"用马克思列宁主义武装头脑""拿共产主义道德来教育青年"。

有时候，也是残留的古代语法和现代一般口语发生差别。例如"责以大义"，方式状语在动词后面，这是古代语法的残留。

（七）时间状语，一般也是放在其所修饰的动词前面。——如"他今天到城里去"，甚至放在句子的开头，如"今天他到城里去"。但是，如果是指某段时间，而动词后面又没有宾语，就往往放在动词后面，例如"他病了三天"。如果动词后面有宾语，就有两个办法：（甲）把动词重复一次，例如"他念书念了三年"；①（乙）把动词修饰语（状语）改为名词修饰语（定语），例如"他念了三年的书"或"他念了三年书"。

（八）在处置式里，宾语被提到动词的前面。——在现代汉语里，用"把"字或"将"字把宾语提到动词的前面，叫作处置式，因为这种形式在大多数情况下是表示对于某人或某物加以处理。例如"一定要把淮河修好"。

（九）在被动式里，承受行为的人或物处于主语的地位，它的词序是"被动者—'被'—主动者—行为"。——例如"美国侵略部队被朝鲜人民军和中国人民志愿军打败了"。

---

① 当然也可以说"他念书三年"，古代语法就是这样的，但现代汉语里少用了。

（十）在复合句中，从属句放在主要句的前面。——例如"帝国主义虽凶，它只是一只纸老虎""如果敌人敢来侵略，我们一定要把他们打得头破血流"。

语法，本来是包括口头语言和书面语言的。但是，就一般说，口头语言的词序要灵活得多。例如下面的两种说法，在北京人嘴里是常说的，然而在北京人的笔下还是不大看见的：

他们没来呢还。（等于说"他们还没来呢"。）
我们老了都。（等于说"我们都老了"。）

又如下面的两种说法，在苏州人嘴里是常说的，但也没有人把它们写在纸上：

俚笃来哉刚刚。（"刚才他们来了。"）
俚笃来哉财。（"他们全都来了。"）

上文说过，词的次序应该是和概念的次序相当的。说话人说完了"俚笃来哉"四个字之后，脑子里才来了"刚刚"这一个概念，就把它补在后面。补的次数多了，渐渐成了习惯，像北京的两种说法就不再令人感觉得是"追加"的了。但是，当人们写文章的时候，还是依照固定的位置。这样做是对的，因为语言应该规范化,特别是书面语言应该如此。

第二节　词是怎样构成的

汉语的词可以分为两类:(一)非派生词;(二)派生词。所谓派生词,是由别的词形成的词,好像是别的词生出来的支派。所谓非派生词,它们不是由别的词形成的,而是独立地被创造出来的。例如"天"字,它是非派生词,因为人们并没有依靠别的词来创造这"天"字。像"天下"就是派生词,因为它是依靠"天"和"下"这两个词来形成的。

非派生词一般总是单音节的。① 它们大部分都是从上古汉语中继承下来的,例如"人""手""水""火""天""地"等,许多是有几千几万年的历史的了。这一类的词表示人们生活中的重要概念,它们在现代汉语中广泛地使用着,大量派生词都是由它们生出来的。它们在口语中,特别在日常生活的口语中,占着重要的地位。

非派生词大部分属于基本词汇,并且占基本词汇的极大部分。什么是基本词汇呢?斯大林说:②

---

① 参看苏联伊三克等所著的《华语课本》的序文,《中国语文》一九五四年十一月号有译文(第29页)。本节参考此书的地方颇多。
② 斯大林,《马克思主义与语言学问题》,人民出版社版,第21页。

大家知道，语言中所有的词构成为所谓语言的词汇。①语言的词汇中的主要东西就是基本词汇，其中包括所有的根词，②成为基本词汇的核心。基本词汇是比语言的词汇窄小得多的，可是它的生命却长久得多，它在千百年的长时期中生存着并给语言构成新词的基础。

基本词汇是在千百年的长时期中生存着并给语言构成新词的基础的，因此，所谓派生词，极大部分就是从基本词汇的基础上产生的。

派生词的形成，主要有两种方式：（一）利用仂语的形式；（二）利用同义词的并列。

关于第一种方式可以拿"天下"做例子。"天下"的原始意义是"天底下"，本来是一个仂语。《诗经·小雅·北山》："溥天之下"，可见最初的时候，"天"和"下"是可以分开来讲的，因为它是用两个词表示的；后来"天下"渐渐发展为一个整体，"天

---

① 语言中所有一切词的总和才叫作词汇，因此每一语言只有一个词汇。词汇和词是有分别的，有人误认为同一的东西。基本词汇这个译名也不很恰当，近来已经有人改译为基本词库（见周嘉桂所译契科巴瓦的《语言学概论》）。
② 根词指最单纯最原始最基本的词，特别是名词和动词的词根，乃是创造新词的原料。汉语里的非派生词极大多数是名副其实的根词。

下"表示整个领土，甚至表示整个世界。《孟子·离娄上》："尧舜之道，不以仁政，不能平治天下。"那时"天下"已经不是两个词，而是一个双音词了。这个名词一直沿用下来，甚至拿来代表全体人民，例如范仲淹《岳阳楼记》说："先天下之忧而忧，后天下之乐而乐。"这是古代的例子。至于现代，我们可以举"火车"为例。最初的时候，人们看见这种车要靠着升火才能开动，所以叫作"火车"。当人们说"火车"的时候，如果脑子里还清楚地存在着"火"的概念，那么，"火车"这个新词还不算完全形成。等到人们说"火车"就感觉到这是一个不可分割的整体，脑子里不再有"火"的概念，也就是不再唤起火的印象，"火车"就是"火车"，那么，这个新词就不再是仂语了。"天""下""火""车"，都是非派生词；"天下"和"火车"都是派生词，前者是古代派生词；后者是现代派生词。随着社会发展的需要而产生的新词，极大多数也就是以旧词为基础的派生词，它们的最初形式是仂语，然后由仂语发展为单词。下面的例子可见一斑：

火车　汽车　轮船　铁路　飞机　机器　电话
电报　报纸　杂志　火柴　肥皂　电影　话剧
汽油

关于第二种方式,可以拿"讨论"为例。"讨"是"寻究"的意思,"论"是"评议"的意思。可能在最初的时候,确曾有"先寻究后评议"的意思,但是很快就发展为一个整体,是"共同评议是非得失"的意思,这个意义一直沿用到现在。从"讨论"这一个例子上可以看见,所谓利用同义词的并列,并不一定是完全同样的意义,"寻究"和"评议"的意思只是相近,不是相同。再举一个现代的例子,就是"思想"。"思"和"想"本来是独立应用的,并且都是动词,现在把它们联合起来,变了名词了。①"思想"是派生词,它是从非派生词"思"和"想"联结而成的。利用同义词的并列,现代汉语里有大量的复音词被形成了,这些复音词都是派生词,例如:

制度　基础　时期　状态　任务　行为　范围
氏族　阶级　资产　形式　社会　经济　差别
基本　完全　错误　特殊　正确　敌对　密切
经常　丰富　粗暴　和平　建筑　结构　产生

---

① "思"和"想"在历史上也曾作名词用过,但当"思想"这个复音词形成时,"思"和"想"早已不用为名词了。"思想"这个复音词在历史上也曾用作动词(旧戏里唱的"思想起来"),但现在已经不那样用了。

消灭　破坏　发展　改革　创造　满足　代替
需要　集合　停止　危害　排挤　崩溃　指导
扩充　占领　侵略　按照　根据

　　派生词的形成，除了上述的两种方式之外，还有一些比较特殊的方式。现在拣两种比较常见的来说。

　　第一种是并合法。并合法是一种吞并作用。本来是拆得开的两个词，由于它们常常连在一起，某一词的意义渐占优势，另一词的意义渐渐被侵蚀了，于是变为表示单一意义的复音词。在古代汉语里，例如"国家"。上古"国"指诸侯的领土，"家"指卿大夫的领土，所以孟子说："人有恒言，皆曰天下国家。天下之本在国，国之本在家。"（离娄）后代政治制度改变了，不再有诸侯卿大夫的分别，于是"国"和"家"的分别也不存在了。"国家"变了复音词，等于说"国"。在这里，"家"字的意义被"国"字吞并了。在现代汉语里，例如"妻子"和"兄弟"。孟子说："父子不相见，兄弟妻子离散。"（梁惠王）这里"兄"和"弟"、"妻"和"子"，显然是四种亲属关系。后来"妻子"在普通话里变了只有"妻"的意思，"兄弟"在普通话里变了只有"弟"的意思（粤语的"两兄弟"在普通话里该说成"弟兄俩"）。现代北京话"窗户"当"窗"字讲，也是一种并合法。此外如普通话的"眼睛"只表示"眼"，苏沪一带"头颈"只表示"颈"（脖子），诸如此类，例子还有不少。不但名词可以并合，形容词和动词也可以并合。例如普通话"干净"，只有"净"的意思，没有"干"的意思（"这杯水是干净的"）；北京话"勤快"，只有"勤"的意思，没有"快"的意思（"他做事情很勤快，只是嫌他太慢了些"）；苏沪一带"勤俭"也只有"勤"的意思，没有"俭"的意思（"伊倒是蛮勤俭格，可惜浪费仔点"）。以上是形容词的例子。动词并合的往往是对立语（反义词）。例如"睡觉"，本来"睡"是"睡着"，"觉"是"觉醒"，现在"睡觉"只有"睡"的意思了。又如"忘记"，本来"忘"是"忘掉"，"记"是"记住"，现在"忘记"只有"忘"的意思了。① 此外又如"相信""可怜"之类。"相"字本来是代词，"相信"本来是"互相信任"的意思，后来"相信"变了复音词，只剩"信"的意思了（"他不相信我"）。"可怜"本来是"值得怜悯"的意思，现在我们说"他很可怜"，还是这个意思；但当我们说"我可怜他"的时候，就只剩"怜"的意思了。

　　第二种是化合法。化合和并合不同：并合是某一词的意义吞并了另一词的意义；化合是原来两个词的意思都保持着（或原意还看得出来），只是溶化为一体，不再能被别的词隔开。在日常口语里，有

---

① 但是，在北京话里，一般只说"忘"，不说"忘记"。

"请教""请示""得罪"等。"请教"是"请求指教"的意思,但习惯上只说"请教他",不说"请他教"。"请示"是"请求指示"的意思,但习惯上只说"请示上级",不说"请上级示"。"得罪"的现行意义离开原来的意义较远。原来是"犯罪"的意思,现在只当"冒犯"讲,但是我们不能认为"得"字吞并了"罪"字的意义,因为单靠"得"字生不出"冒犯"的意思来。在新词当中也有利用化合法的,例如"登陆"和"评价"。它们本来都是两个词构成的仂语,但是,在"登陆海南岛"和"评价《红楼梦》"这一类的例子当中,它们已经变了复音词,因为如果不变为一个整体,就应该说成"登海南岛的陆"和"评《红楼梦》的价"了。还有一种构词法也可以算进化合的一类,就是反义词结合成为一个整体,例如"大小"表示大的程度("珍珠有莲子大小"),"粗细"表示粗的程度("那蛇有碗口粗细");此外还有"反正"("反正他不来了")、"上下"("五十岁上下")、"来往"("三丈来往")等。有些反义化合的名词和形容词,由于历史久远,人们已经不感觉到它们是化合的了。例如"东西"("进城买东西")分明是"东"和"西"合成的,但是我们已经很难考证为什么用"东"和"西"来代表"物"的概念了。又如"利害"("他很利害"),本来是"利"和"害"合成的,但是由于语源已经不为一般人所了解,后来就被改写为"厉害"了。

为篇幅所限,我们不可能把汉语构词法谈得很全面。有一点非常重要:就是在汉语词汇中,派生词占极大多数,这也就是说,复音词占极大多数。这就可以证明汉语绝对不是单音语。

第三节 各地语法的异同

如果拿语音、语法、词汇三者比较,各地语音、词汇的差别很大,而语法的差别很小。就语言的历史而论,语音和一般词汇易变,基本词汇变化较慢,语法变化最慢。中国各地的汉语方言该是同源的,我们认为它们的语音词汇在原始一定相同。后来因为语音词汇易变,它们分道扬镳,就弄成现在相当复杂的样子。语法变得最慢,所以各地的语法都离开原始出发点不很远,同时,它们相互间的距离也不很远。各地的人说话互相不懂,首先是词汇作梗,其次是语音妨碍,与语法的差别无关;因为语法的差别实在太小了。

但是,差别大小,只是相对的说法;如果我们仔细观察,各地的语法并不完全相同。当你依照北京语法去说广州话的时候,广州人虽能完全懂得,但他们仍旧觉得你不够广州话的味道,就因为你没有遵用广州的语法。

要知道各地语法的异同,首先该把词汇与语法的界限分别清楚。例如——

北京人说：今天下雨。
苏州人说：今朝落雨。
广州人说：今日落雨。

这只是语音、词汇上的不同，在语法上则毫无分别。语音上不同，不必解说，大家都可以明白；词汇上的差别，如北京说"今天"，苏州说"今朝"，广州说"今日"，又如北京说"下雨"，广州、苏州说"落雨"。然而语法上并没有什么不同，因三处方言都是把"今天"放在第一，谓词放在第二，宾语放在第三。像这一种的句子，非但三处方言如此，全国汉语方言也莫不如此。在此情形之下，我们可以说全国汉语方言有其共同的语法。

至于要看各地语法的异点，我们可以定下两个标准：

（一）词的位置不同；

（二）虚词的用法不同。

以词的位置为标准者，又可细分为下列诸类：

（甲）谓词的位置。

官话、吴语（大部分）：到南京去。
闽语、粤语、客家话：去南京。

（乙）副词的位置。

1. 数量的限制。

官话、吴语：多买几本书。
闽语、粤语、客家话：买多几本书。

2. 方式的限制。

官话：快到杭州了。
吴语：杭州到快哉。

（丙）介词的位置。

官话、吴语：猫比狗小。
粤语：猫细过狗。
客家话：猫比狗过细。

（丁）动词语尾的位置。

官话：买得到许多东西。
吴语：买得着交关物事。（与官话语法同）
客家话：买得许多东西倒。

（戊）间接宾语的位置。

官话：给你钱。
吴语：拨侬铜钿。
}（间接宾语在直接宾语之前）

粤语：畀钱你。
客家话：刡① 钱你。
}（间接宾语在直接宾语之后）

以虚词的用法为标准者，又可细分为三类：

（甲）虚词的数量相等，但用途有广狭之分。例如：

北京的"了" —— 苏州的 { 1."哉" 2."仔" 3."格" }

北京"他去了。" —— 苏州"俚去哉。"

北京"等他去了再说。" —— 苏州"等俚去仔再说。"

北京"我看见他了。" —— 苏州 { "我看见俚格。"（I saw him.） "我看见哉。"② （I have seen him.） }

（乙）虚词的数量不相等，因而甲地的语法不如乙地语法之细。例如：

---

① "刡"，客家念 pun，给也。
② 或"我看见仔俚哉。"

北京人说:"他们早已走了。"
苏州人说:"俚笃老早去个哉。"

苏州单说"个"是表示过去,单说"哉"是表示完事,"个哉"连着说是加重完事的语气。北京对于加重完事的语气,没有特别的说法,仍只用一个"了"字。

(丙)乙地的虚词用法为甲地所无。

1. {北京:"我站在他旁边说。"
    苏州:"我立拉俚旁边唗说。"
2. {北京:"他就张开眼睛坐起来。"
    苏州:"俚就张开眼睛唗坐起来。"

苏州的"唗",北京无词可与它相等,只有文言里的"而"字与它颇相仿佛〔"(彼)立其旁而言""(彼)张目而起坐"〕。

上述的两个标准还不能概括各地语法的异同。譬如说助动词用法的差别,就在那两个标准之外。我们试看:

1. {北京人说:"他没有说什么。"或"他没说什么。"
    上海人说:"伊呒末话啥。"
    广州人说:"佢冇讲乜野。"[①]

---

① "冇",广州念 mou。"乜",广州念 mat。

2. $\begin{cases} 苏州人说："俚蟾说啥。"① \\ 梅县人说："渠冇讲乜介。"② \\ 博白（广西南部）人说："其冇曾讲么个。" \end{cases}$

北京、上海、广州是一派，他们都借动词为助动词（像英文借 verb"to have"为 auxiliary）；苏州、梅县、博白是另一派，他们都不用助动词而用副词（等于文言的"未"或"未尝"）。由这一种情形看来，我们还可以知道一件事，就是同系的方言也可以有不相同的语法（如上海与苏州，广州与博白），不同系的方言也可以有相同的语法（如北京与上海，苏州与梅县）。

有时候，语法的分别，与词汇的分别同时存在。例如上海的"呒末"等于文言的"无"与"未"，也等于苏州的"呒不"与"蟾"；于是我们注意到上海"呒末"一词的语法用途较广，同时它的意义范围也较广。在这情形之下，语法、词汇二者都有分别，我们是不应该只看见一方面的。

---

① "蟾"，苏州念 fən，"不曾"也。
② "冇"，客家念 mang，"不曾"也。"乜介"，客家念 mat-kai，等于北京的"什么"。

第四节　古今语法的演变 ①

所谓古语法与今语法，就是普通所谓文言文的语法与白话文的语法。把汉语语法分为古今两大类，在表面上看来似乎不通，因为至少该按时代分为若干期，成为语法史的研究。但是，五四时代的白话文运动是一次伟大的运动，它摧毁了封建统治阶级所支持的过了时的文言文。我们如果从这两种文体去窥测语法史的简单轮廓，一定较易见功。本节为篇幅所限，只能专就代词讨论，更是轮廓之轮廓了。

第一，我们注意到代词的人称与格。在上古汉语里，代词的第一人称与第二人称为一类，第三人称自为一类。上古代词第三人称没有主格，与第一人称之有主格者大不相同。例如：

白话的："我从卫国回鲁国"可译为
文言的："吾自卫反鲁"；
白话的："你到哪里去？"可译为
文言的："女何之？"但
白话的："他是你的朋友"不可译为
文言的："其为尔友"。

---

① 本节大致采自拙著《中国文法学初探》，《清华学报》十一卷一期（1936），又商务印书馆单行本（1940）。

固然，我们不曾忘了代词"彼"字可以用于主格；但我们须知，"彼"字本为指示代词，与"此"字相对待。在古书中，"彼"字虽偶然借用为人称代词，但仍有彼此比较之意。例如：

彼丈夫也，我丈夫也，吾何畏彼哉？(《孟子·滕文公上》)
彼夺其民时。(《孟子·梁惠王上》)
彼陷溺其民。(同上)

充其量，我们只能承认"彼"字是指示性很重的人称代词，其词性与"其""之"二字不能相提并论。我们再看有些"其"字似乎可为主格：

其为人也孝弟。(《论语·学而》)
其行己也恭，其事上也敬，其养民也惠，其使民也义。(《论语·公冶长》)
王若隐其无罪而就死地。(《孟子·梁惠王上》)

然而这些"其"字在实际上也有领格的性质；"其"字后的动词与其附加语都可认为带名词性。因此"其"字与其动词合起来只能算一个主格（如第一、二例）或一个宾格（如第三例）；如果这主格之后不加叙述或说明，这宾格之前不加动词，就不能成为完整的一句话。假使我们简单地说"其无罪而就死地",就等于有宾格而没有主要动词。在白话里,"他没有罪而被杀"是合于语法的;在文言里,若说"其无罪而就死地",就不通了。

在古文里,普通的句子既不用主格的第三人称代词,那么,主要动词的主格只能靠名词的复说,否则唯有把它省略了。

名词复说的如下诸例:

齐侯欲以文姜妻郑太子忽,太子忽辞。(《左传·桓公六年》)

且私许复曹卫。曹卫告绝于楚。(《左传·僖公二十八年》)

非神败令尹,令尹其不勤民,实自败也。(同上)

臾骈之人欲尽杀贾氏以报焉。臾骈曰:"不可。"(《左传·文公六年》)

人称代词省略的如下诸例:

公谓公孙枝曰:"夷吾其定乎?"对曰:"臣闻之,唯则定国。"(《左传·僖公九年》)

以告,遂使收之。(《左传·宣公四年》)

郤子至,请伐齐,晋侯弗许;请以其私属,又弗许。(《左传·宣公十七年》)

射其左,越于车下;射其右,毙于车中。(《左传·成公二年》)

这一类的省略法,不能拿来与下面的例子相比:

孟之反不伐。奔而殿,将入门,策其马,曰:"非敢后也,马不进也。"(《论语·雍也》)

因为"奔""入""策""曰"四种动作的主格都是孟之反,所以省去了代词之后仍可借上句的主格为主格。至若"射其左"等句,"射"与"越"的主格并不相同,似乎主格的代词必不可省。

然而我们试想:假使我们不改变这句的动词的性质与位置,有什么法子可以使句子更完善些呢?如果把主格的名词完全补出,未免太啰唆了。如果把主格的代词补出,写成:

彼射其左,彼越于车下;彼射其右,彼毙于车中。

姑勿论"彼"字在上古没有这种用法,单就句子的意义而论,我们觉得这种代词实在毫无用处;加上了四个"彼"字,反易令人误会是同一的主格。由此一点,我们可以悟到:这种造句法能促成古人不用第三人称代词主格。

古人虽不用第三人称代词主格，但遇必要时，他们可以用些虚词去表示动词的主格之变换。上文所举"以告，遂使收之"句中的"遂"字，已经令人悟到"使"的主格是变换了的。但是，最普通的还是用连词"则"字。试读下列的《论语》两章：

> 哀公问曰："何为则民服？"孔子对曰："举直错诸枉，则民服；举枉错诸直，则民不服。"（《为政》）
> 季康子问："使民敬、忠以劝，如之何？"子曰："临之以庄，则敬；孝慈，则忠；举善而教不能，则劝。"（《为政》）

在第一章里，也可以说"举直错诸枉，则服；举枉错诸直，则不服"。在第二章里，也可以说"临之以庄，则民敬"等等。可见"则"字比主格还更重要。有了"则"字，就表示这动作是那动作的结果，再加上了上下文的语气，就知道这动作与那动作不是属于同一的主格了。

在学校里，把白话译成文言的时候，往往有人误以文言的"其"字与白话的"他"字相当，以致译出来的文言文不合古代的语法。其实我们只要守着下面的两个规律，就不至于不会用"其"字了：

（一）"他"字可用为代词主格，"其"字不能。

（二）在古文里，宾格无论直接间接，必须用"之"，不能用"其"。

依这两个规律，我们就可知道"他不去"不能写作"其不往"，^①"替他执鞭"不能写成"为其执鞭"等。

第二，我们注意到代词的数。在上古汉语里，人称代词单复数是同一形式的，至少在文字的表现上是如此。譬如下列诸例：

1. 第一人称复数仍用"吾""我"等字：

楚弱于晋，晋不吾疾也。晋疾，楚将辟之，何为而使晋师致死于我？（《左传·襄公十一年》）

2. 第二人称复数仍用"尔"字：

尔无我诈，我无尔虞。（《左传·成公二年》）[编者按：此例句与出处均有误，宜改为"我无尔诈，尔无我虞"（《左传·宣公十五年》）]

子曰："以吾一日长乎尔，毋吾以也。"（《论语·先进》）

---

① 但"怪他不去"可写作"责其不往"，因为在这情形之下，"其"字是"兼格"，兼有宾格与主格两重职务，不是简单的主格。

如或知尔,则何以哉?(同上)

3. 第三人称复数仍用"其""之"等字:

齐、晋、秦、楚,其在成周,微甚。(《史记·十二诸侯年表序》)

今天下大安,万民熙熙,朕与单于为之父母。(《史记·匈奴列传》)

长沮、桀溺耦而耕,孔子过之。(《论语·微子》)

总之,白话的"我们",译为文言可用"吾"或"我";白话的"你们",译为文言可用"尔";白话的"他们",译为文言可用"其"或"之"或"彼"。古人虽有"吾人""吾党""吾曹""吾侪""若辈""彼辈""彼等"种种说法,但这些说法在先秦甚为罕见;有时偶见于书,也可以把"吾""尔""彼"等字认为领格。"吾曹""吾辈""吾侪"等于现在说"我们这班人"或"我们这一类的人",所以"吾""尔""彼"等字在此情形之下仍当认为领格代词的复数,不当与"侪""辈"等字合并认为一个不可分析的单位。例如:

文王犹用众,况吾侪乎?(《左传·成公二年》)

意思是说"何况我们这一类的人",非简单的人称代词可比。非但人称代词在上古没有复数的形式,就是指示形容词或指示代词也没有复数的形式;换句话说,白话里"这些""那些"等词,如果译为文言,只能写成"此""斯""彼"等字,与单数的形式完全相同。例如:

> 今此下民……(《孟子·公孙丑上》)
> 吾非斯人之徒与而谁与?(《论语·微子》)

这一点,非但违反了西洋人的习惯,甚至违反了现代中国人的习惯。我们似乎可以拿声调去解释,说代词的数由声调表示,写下来虽然一样,念起来却是两样,有点儿像现代北京询问词的"那"与指示词的"那",写起来是一样的,念起来则前者是上声,后者是去声。[①]但是,这种猜想的危险性太大了,因为我们找不出什么证据。不过,我们试就语法的本身想一想,代词的数是不是必不可缺的东西?就汉语本身而论,名词单复数既可用同一的形式,代词是名词的替身,其单复数何尝不可用同一的形式?名词既可由意会而知其单复数,代词的单复数何尝不可由意会而知?梵文、古希腊语与古俄

---

① 现在上声的"那"字,一般已写作"哪"。

语里，除了单复数之外，还有一个"双数"；但现代欧洲诸族语大部分没有"双数"与单复数对立，我们并不觉得它们不合逻辑。同理，我们的祖宗嘴里的代词没有数的分别，也像动词没有时的分别一样，并不能令他们感觉到词不达意之苦。

以上单就代词而论，自然只是举例的性质。关于古今语法的演变，尽可以写成很厚的一部汉语语法史。其中最重要的，如虚词用法的演变[①]、系词的产生及其变迁[②]等大问题，都不是这里所能详论的了。

[①] 参看拙著《中国文法学初探》，其中论及关系词（虚词之一种）的演变。

[②] 参看拙著《中国文法中的系词》，见《清华学报》十二卷一期（1937），又附录于商务印书馆出版的《中国文法学初探》的后面。

第四章 词 汇

第一节 词汇与语音的关系

从前有一种唯心的看法,就是认为词义和语音有必然的关系。最明显的是所谓拟声法,就是模仿自然的声音。例如鸭声 ap ap 就叫它作"鸭",猫声 mieu mieu 就叫它作"猫",雀声 tsiak tsiak 就叫它作"雀"等等。这是以动物的声音为其名称的。

至于模仿声音以成副词的,就更多了。例如鸠鸣"关关",鹿鸣"呦呦",风声"萧萧",水声"潺潺",虫声"唧唧",鸟声"磔格钩辀":多至不可胜数。然而这种拟声法只能得其大略,不能逼真;所以同是一物之声,在各族语里可以译成种种不同的语音。例如鸭声在英语为 quack,在法语为 couin couin,在意大利语为 qua qua,在德语为 gack gack, gick gick, quack quack, pack pack,在丹麦语为 rap rap 等。

除了上述的拟声法之外,词汇与语音有没有自然而且必然的关系呢? 19 世纪的语源学家多数相信是有关系的。法国 Larousse(1817—1875)在他所著的"拉丁词根考"(Jardin des Racines Latines)第一课里,曾举出许多例子,如:

[s-]表示尖锐破裂之音：signe（信号），source（泉水）；

[r-, cr-, fr-, br-, pr-, gr-, tr-]表示粗或强之音：cri（叫声），frotter（摩擦）；

[fl-]表示液体流动或气体动荡之音：fleuve（河），flot（波），souffle（风、气）。

后世语言学家有反对此说的：Grégoire 以为同一概念，在不同的族语里，可成为不同的语音；Vendryes 以为 rivière（小河）与 torrent（瀑布）有流动之义而没有[fl-]之音，fleur（花）有[fl-]之音而没有流动之义。我们如果拿汉语来比较，也觉得"江""河""溪""涧"都与[fl-]之音相差很远。因此，我们绝不能相信词汇与语音有自然而且必然的关系。

但是，词汇与语音，在原始时虽没有必然的关系，在词汇发展的过程中，却可以有连带的关系。换句话说，意义相近者其音往往相近，音相近者其意义也往往相近。例如：①

毌	kuan	穿物持之也
贯	kuan	钱贝之贯也
摜	koan	贯也（"摜甲"犹言"贯甲"）

---

① 举例采自章太炎《文始》一，所拟的古音指上古音而言。

環	goan	璧肉好若一也("肉"是璧的边,"好"是璧的孔)
鐍	kiwat	環之有舌者也
筦	koan	织以丝贯杼也
关	koan	以木横持门户也
軎	goat	车轴头铁也
扃	kiweng	外闭之关也
鉉	giwen	鼎扛也(谓所以贯鼎而举之者)
键	g'ian	鉉也

即此一例,已可证明语音与意义可以有连带的关系。我们可以假定原始先有一个词(例如"毌"),后来加造新词,就自然倾向于采取同音不同调或语音相近的词了。不过,我们并不能因此就说意义相近者其音必相近。如"贯"与"通"意义相近,而其音并不相近。我们尤其不能说音相近者意义必相近。如"官""冠""观"皆与"贯"音相近,而其意义则相差甚远。

凡两词的意义相对立者,其音亦往往相近。有些是声母相同,所谓"双声";另有些是韵母相同(包括韵腹韵尾),所谓"叠韵"。声母相同或差不多的,例如:①

---

① 举例大致采自章太炎"转注假借说"(《国故论衡》),音值系暂时拟定的上古音。

"古" kâ		"今" kiam	
"疏" siâ		"数" seok	
"加" ka		"减" kem	
"消" siau		"息" siək	
"生" sieng		"死" siei	
"燥" sau		"湿" siəp	
"明" miâng		"灭" miat	
"锐" diwad		"钝" d'uən	
"文" miwən		"武" miwâ	
"规" kiwe		"矩" kiwâ	
"褒" pəu		"贬" piam	
"男" nəm		"女" niâ	

韵母相同或差不多的，例如：

"旦" tan		"晚" miwan	
"晨" ziən		"昏" xuən	
"好" xəu		"丑" tɕ'iəu	
"新" sien		"陈" d'ien	
"聪" ts'ong		"聋" long	
"起" k'iə		"止" tsiə	
"央" iang		"旁" b'ang	
"寒" ɣan		"暖" nuan	
"水" ɕiwəi		"火" xuəi	

"祥"zi̯ang　　"殃"i̯ang
"老"ləu　　　"幼"i̯əu

此外还有许多"双音词",即古人所谓"诔语"或"连绵字",也是由双声或叠韵组合而成的:

其属于双声者,如"流离""含胡""踌躇""罷勉""唐棣"等。

其属于叠韵者,如"胡卢""支离""章皇""蹉跎""逍遥"等。

甚至古人的名字也喜欢用双声或叠韵,例如"胡亥"是双声,"扶苏"是叠韵。钱大昕在《十驾斋养新录》里,举出这一类的例子很多。总之,双声叠韵在汉语历史上曾有很大的任务,清代的学者已经注意到,而我们现在也不能否认这种事实。

汉语里的字音,有"读破"的办法。例如"恶"字念入声是善恶的"恶"(形容词),念去声是好恶的"恶"(动词),念平声是"恶乎成名"的"恶"(副词)。"乐"字读若"岳",是音乐的"乐"(名词);读若"洛",是喜乐的"乐"(内动词);如果读为鱼教切,则是"仁者乐山"的"乐"(外动词)。此外如"易""为""观""见"等字,都有两音以上。

顾炎武曾注意到上古没有这种办法,[①] 例如《离骚》:

> 理弱而媒拙兮,恐导言之不固;世溷浊而嫉贤兮,好蔽美而称恶。

"恶"字与"固"字叶韵,显然是念去声;在"好蔽美而称恶"一句里,却又显然是"善恶"的"恶"。可见"善恶"的"恶"本来也可以念去声。"读破"的办法是后起的,至少可以说不像后代这样分得清楚。

我们推想"读破法"之起源,大约是由于人类喜欢辨别的心理。"恶"字既有几种意义,就索性把它念成几种语音,以免相混。不过,等到音义都不相同之后,即使字形相同,[②] 我们也该认为两字。因为文字只是语言的符号;在语言里显然有分别的两个词,在文字上不能分别,我们反该怪文字不能尽职了。

[①] 见《音论》"先儒两声各义之说不尽然"条。
[②] 近代对于读破的字,也有令其字形有分别的,就是在字的四角加上一个声调符号。如"好恶"的"恶"写作"恶。","恶乎成名"的"恶"写作"。恶"。

第二节　词汇与意义的参差

依语言的原则说，每词只该有一种意义，以免对话人猜测之劳；每一种意义也该只用一个词为代表，因为"以一表一"已经够用，多了反嫌重复。

但是，依语言的实际情形说，却与上述的情形相反。如果我们把文字的形体问题也考虑在内，那么，词汇与意义的参差可分为三类：

1. 同音词　如英文 write，right
2. 同形词　如英文 fair（市场），fair（美）
3. 同义词　如英文 polite，courteous

（一）同音词，是指字音虽同，字形字义各异而言。在汉语里，此种情形颇多，在上古尤其是如此。例如"士、氏、示、事、视"，"工、公、功、攻、供、宫、弓、恭、躬"等，念起来声音完全相同，写起来才有分别。[①]因此有人说汉语是"以目治"的，不是"以耳治"的。甚至有人（如 Keraval）说，中国人说话不能为对话人所了解的时候，要用指头在掌上写字给他看。这是污蔑我们的民族的话。汉语发展到现阶段，已经变了复音词占优势的语言，特别是在政治性的文章里，复音词常在百分之八十以上，同音词少到那种程度，已经和上古汉语有很大的差

---

① 但在某些地方的客家话里，"供、宫、弓、恭、躬"和"工、公、功、攻"是有分别的。

别了。

（二）同形词，是指字音字形皆同，唯字义各异而言。[①] 例如：

师 $\begin{cases} 1.\text{二千五百人为师} \\ 2.\text{范也，教人以道者之称} \end{cases}$

徒 $\begin{cases} 1.\text{党也} \\ 2.\text{弟子也} \\ 3.\text{步行也} \\ 4.\text{但也} \end{cases}$

巾 $\begin{cases} 1.\text{佩巾也} \\ 2.\text{蒙首衣也} \end{cases}$

（三）同义词，是指同一意义可由两个以上的词为代表。在汉语里，意义相同的词甚多。例如《尔雅》所载：

初、哉、首、基、肇、祖、元、胎、俶、落、权舆，始也。

仪、若、祥、淑、鲜、省、臧、嘉、令、类、綝、毅、攻、谷、介、徽，善也。

---

① 自然也可以是同形不同音，但究竟同音的占多数。

由上述三种情形看来，词与意义的参差是显然的。但我们如果作精细的观察，则见问题并不如此简单。我们要知道，无论何词，一到了句子里，其意义就变为"适时的"，与别的时候的意义不一定相同；又是"唯一的"，与别的词义绝不至于相混。由此而论，所谓同音词（一音多义）、同形词（一字多义）、同义词（一义多词），一用在一定的上下文里，它的意义还是很明确的。现在试仔细讨论如下。

（一）同音词既是一音多义，似乎会有意义含糊的毛病；然而这一类的毛病，多半为上下文所补救了。譬如你说"工人做工"与"战士立功"，绝对不致令人误会为"工人做功"或"战士立工"。这因为上下文的环境所限，绝不容我们有所误解。况且最近二三十年来，汉语双音词渐渐占了优势，同音的词也跟着大大地减少。如"工作"的"工"，在白话里，绝不会与"公共"的"公"相混。这是就口语而论的，已经不会有含糊的毛病。至于写下来的文章，既然字形不同，就越发不成问题了。

（二）同形词本可与同音词并为一谈，因为如果遇着不识字的人，就没有音与形的分别了。再说，从同形词也可演变为同音词。例如：

"原" {1.水源也　2.平原也} ⟶ "源"，水源也　"原"，平原也这本是同形词,但后代已经把第一个意义写作"源",于是变为同音词,因为字形已经不同了。

无论同形词或同音词,都是用同一的语音去表示几个不同的概念。同形词也像同音词一般,其含糊的意义可为上下文所补救。"歼灭敌人一个师"的"师"与"尊敬我们的老师"的"师",何尝不是一听就有了分别呢?它也可为复音词所补救,"书信"的"信"与"信用"的"信"是绝不至于混淆的。

普通所谓一词多义,往往有两种误解。第一,误以已死的意义与现行的意义同列。如"信"字虽有"再宿"一义,然而此种意义早已死去。文言中虽可说"信宿而行",但"信宿"乃是已死的成语;我们再也不能如《诗经·豳风》"于女信处",或《诗经·周颂》"有客信信"那样活用了。在口语里,连"信宿"也不说了。但"信"字在后代又产生了一种新意义,如"我昨天收到了他的一封信","信"字当"书信"讲。假使我们现在说"信"字有下列的六种意义:

1. 真实也　2. 信用也　3. 信任不疑也
4. 使者也　5. 书信也　6. 再宿也

这种说法是不妥的。当"信"字产生"书信"的意义的时候,"再宿"的意义已成过去,它们二者的时代不同,就不该相提并论。严格地说,"使者"的意义也不该与"书信"的意义并列;因为"书信"的意义是从"使者"的意义生出来的,"书信"即是"使者"的替身。除了"信使往还"一类的成语之外,一般人再也不会像《史记·韩世家》称使臣为"信臣"那样活用了。

第二,误以为一词可有两种以上的并行的意义,换句话说,就是误认这几种意义是同样重要,不相隶属的。其实,严格地说,每词只能有一个本义,其余都是引申的意义。例如"媚"字,《说文》只注一种意义"说也";《辞源》里却注它有两种意义:

1. 谄也。
2. 爱也,亲顺也。

其实"媚"的本义只是"说也","说"同"悦",等于现代白话所谓"讨好"。从坏的方面说,讨好就是谄;从好的方面说,讨好就是爱或亲顺了。又如"悉"字,依《辞源》所载,它有三种意义:

1. 知也。如审悉,熟悉。
2. 详尽也。古之治天下,至纤至悉也。(《汉书》)
3. 皆也。悉引兵渡河。(《汉书》)

其实"悉"的本义只是"详尽"(第二义),是一个形容词。引申为副词,就是"尽"的意思(第三义);引申为动词,就是"知道得详尽"的意思。

本义是占优势的,但它不一定能永远占优势。一旦失势,引申之义起而夺取其优越之地位,原有的本义倒反湮没无闻。例如"检"字,依《说文》

是"书署也"，本是书的标签的意思，引申为"检查"的"检"。但自汉代以后，"检查"的意义已占优势，"标签"的意义倒反湮没无闻。轮着"检查"为本义，而"检讨"的"检"，却又是"检查"的引申义了。

本义只能有一个。如果一个词包含着两个势均力敌的意义，我们只好把它们当作两个词看待。例如上述"信用"的"信"与"书信"的"信"，两种意义势均力敌，这与同音词并没有什么分别。

（三）末了，说到一义多词。所谓"同义词"，只是一个一般的说法；实际上，没有两个词的用途是完全相同的。例如上文所述"初"字与"始"字同义，"嘉"字与"善"字同义，这只是说在某一些情形之下，它们可以相通。"初入学校"可以换为"始入学校"，"嘉言"可以换为"善言"，这是可以通用的。但是，在大多数情形之下，它们却各有不同的用途，如"八月初一"，不能写成"八月始一"，"嘉纳"不能写成"善纳"，"其志可嘉"也不能写成"其志可善"。至于"首""元"等字之与"始"，"令""淑"等字之与"善"（见上文所引《尔雅》），更不能谓为同义，只能说它们在千百种用途当中，偶然有几种用途相仿佛罢了。

第三节　各地词汇的异同

中国各地的汉族人民，互相听不懂话，并非因为语法的不同（上章说过，各地语法的差别是很微的），而是因为语音或词汇的差别。再拿语音与词汇比较，我们觉得词汇上的差别更足以障碍双方的了解。这有两种原因：第一，语音是可以类推的，词汇是不可以类推的。我们知道了一个字音，便可用类推法去猜知许多字音。但我们知道了某地的一个词之后，并不能用类推法去猜知许多词。第二，各地语音虽说不同，毕竟有些仿佛。例如"见"字，北京音是 tɕian，苏州音是 tɕie，客家音是 kian。北京与苏州的声母相同；客家与北京的韵母相同。苏州人听客家的"见"字，自然难懂些，然而到底大家都是齐齿呼，仍有相同之点。况且苏州音与客家音，并不是每个字都像"见"字这样差得很远；例如"黑"字，苏州音与客家音就很相近（苏州念 həʔ，客家念 het 或 hət）。可惜苏州人说的"黑葛（的）衣裳"，在客家人口里却变为"乌介（的）衣裳"！这只能怪词汇上的差别了。

各地词汇的异同，可分为（甲）同词同义；（乙）同词异义；（丙）同义异词三方面来讨论。

（甲）所谓同词同义，就是两地的语词与意义完全相同，只在语音上有分别。假如把这些语词写下来，两地都是一样的写法。例如"东方红，太阳升"这一句话，是全中国可以通用的。甲地的人听乙地的人说这句话，很容易听得懂。即使听不懂，也只能怪语音上的差别，与词汇毫无关系。

（乙）至于同词异义，乃是甲乙两地都有这个词，乍听起来是一样的，实际上它们的含义各有不同。例如苏州的"那么"（读如苏州音的"难末"），乍听起来很像北京的"那么"，其实苏州的"那么"略等于文言的"于是"，北京的"那么"略等于文言的"然则"。苏州另有一个"格末"，略等于文言的"然则"，才与北京的"那么"大致相当。又如嘉兴的"阿爹"是父亲，苏州的"阿爹"是祖父，广西博白的"阿爹"是外祖母。苏州的"娘娘"是姑母，常州的"娘娘"是母亲。粤语和客家话的"兄弟"等于文言的"兄弟"，官话和吴语的"兄弟"只等于文言的一个"弟"字[①]，另以"弟兄"去替代文言的"兄弟"。广州的"交关"略等于北京的"厉害"，上海的"交关"略等于北京的"很"。苏州的"北瓜"等于常州的"南瓜"，苏州的"南瓜"等于常州的"北瓜"。东北的"地瓜"是北京所谓"白薯"，广州所谓"番薯"，上海所谓"山芋"；四川的"地瓜"是广州所谓"沙葛"，湖南所谓"凉茹"。北京的"走"等于文言的"行"，广州的"走"等于文言的"走"。这种同词异义的例子，可以举得很多。我们听外地的人说话，对于这一类

[①] 就北京话来说，"兄弟"的"弟"念轻音时，"兄弟"等于"弟"；如果两字都念重音，就等于"兄和弟"。

的语词，最容易上当。同词同义，自然不生问题；同义异词，完全听不懂，也就索性不去管它；唯有同词异义，听起来似懂不懂，就最容易发生误会了。

另有一种情形，是介乎同词同义与同词异义之间的：在某一些用途上，同此一词，甲乙两地都可通用；在另一些用途上，甲乙两地所用的词却不相同了。例如"高"字，在官话、吴语、闽语、粤语、客家话的词汇里都有它。乍看起来，它在这五系方言里的用途，似乎是一样的。不错，譬如你说"这棵树很高"，在此情形之下，全国人大约都用"高"字。但是，广州人说的"佢生得好高"，译成苏州话却是"俚长得蛮长"，译成北京话却是"他长得个子很大"。可见广州的"高"与苏州、北京的"高"，只在某一些用途上是同义的；在另一些用途上，广州用"高"（客家同），苏州、北京却在一般习惯上不用"高"，①这就显出用途广狭的差别来了。又如：

$$广州的"讲" —— 北京的 \begin{cases} 1."讲" \\ 2."说" \end{cases}$$

所以广州的"讲道理"仍等于北京的"讲道理"，而不能译为"说道理"；广州的"讲乜野"②可译为北

---

① 自然还可用"高"字，但这只是书本的影响。
② "乜"字，广州人念 mat。

京的"说什么",不大能译为"讲什么"。又如：

$$\text{梅县的"爱"} = \text{北京的} \begin{cases} 1.\text{"爱"} \\ 2.\text{"要"} \end{cases}$$

所以梅县的"我爱你"仍等于北京的"我爱你",而不能译为"我要你";但梅县的"我唔爱去"只可译为北京的"我不要去",却不能译为"我不爱去"("我不爱去"是另一意思)。又如：

$$\text{广西南部的"冇"} = \text{广州的} \begin{cases} 1.\text{"冇"（无也）} \\ 2.\text{"唔"（不也）} \end{cases}①$$

所以广西的"冇人"仍等于广州的"冇人",而不能译为"唔人";但广西的"冇怕"（不怕）只可译为广州的"唔怕",不能仍用"冇怕"。此外,如广州的人瘦与肉瘦都叫"瘦",苏州人瘦叫"瘦",肉瘦叫"精"（"精肉"）；广州的人肥与肉肥都叫"肥",北京肉肥叫"肥",人肥叫"胖"。诸如此类,不胜枚举,都是介乎同词同义与同词异义之间的。这种参差的现象,在各地词汇的差别上,最为重要；因为这不但是词汇不同,而且连概念的范围也不相同了。

（丙）末了,说到同义异词,又可细分为两类。

---

① "冇"字,广西人念mao,广州人念mou。"唔"字,广州人念m。

第一，词虽不同，而它们的用途完全相同。我们可以照数学公式给它们一个"等号"。如：

北京的"等会儿"＝＝苏州的"晏歇"＝＝绍兴的"等歇"

北京的"明天"＝＝苏州的"明朝"＝＝大埔的"天光日"

北京的"妻子"或"媳妇儿"＝＝苏州的"家小"＝＝广州的"老婆"

北京的"谁"＝＝广州的"边个"＝＝客家的"乜人"

北京的"小孩儿"＝＝苏州的"小干"＝＝广州的"细佬哥"＝＝客家的"大细儿"

北京的"荸荠"＝＝广州的"马蹄"

北京的"什么"＝＝上海的"啥"＝＝广州的"乜野"＝＝客家的"乜介"

北京的"猴子"＝＝苏州的"活狲"＝＝广州的"马骝"

北京的"棉袄"＝＝苏州的"裲"＝＝厦门的"棉袄"＝＝广州的"棉袍"

北京的"摔筋斗"＝＝苏州的"跌跟斗"＝＝厦门的"跋倒"＝＝客家的"跌倒"

第二，是词既不同，用途又广狭不等。这也是概念的范围不同。例如：

$$
北京的"这么" \Longrightarrow 上海的 \begin{cases} 1."介"（表程度） \\ 2."实介能"（表方式） \end{cases}
$$

所以北京的"这么大"可译为上海的"介大"，而不能译为"实介能大"；北京的"这么办"可译为上海的"实介能办"，而不能译为"介办"。又如：

$$
上海的"交关" \Longrightarrow 北京的 \begin{cases} 1."很"（形容词前） \\ 2."多"（形容词后） \end{cases}
$$

所以上海的"交关大"可译为北京的"很大"，而不可译为"大多了"；上海的"大交关"可译为北京的"大多了"，而不可译为"很大"。又如：

$$
广州的"啱"[ŋam] \Longrightarrow 北京的 \begin{cases} 刚（动词前） \\ 巧（动词后） \\ 对 \\ 合适 \\ 要好 \\ \cdots\cdots \end{cases}
$$

广州人说的"佢啱翻嚟"，等于北京的"他刚回来"；广州"佢嚟得真啱"，等于北京"他来得真巧"；广州"呢个题目佢答得唔啱"，等于北京"这题目他答得不对";广州"呢件衣服唔啱佢着",等于北京"这一件衣裳不合他穿";广州"我同佢好啱",等于北京"我跟他很要好"。此外,"啱"字的用途还有许多。如广州"唔啱你就去",略等于北京"要不你就去吧"。可见有许多语词都不能马马虎虎地给它们一个"等号"。

有些词,是甲地所有而乙地所无的;非但没有同一的词(同词同义),连相当的词(同义异词)也没有。因为没有此种概念,自然没有此词。譬如乙地没有某种东西或某种风俗,自然它的词汇里就用不着与这种东西或这种风俗相当的词了。江、浙、闽、粤没有"窝窝头",我们就没法子把北京的"窝窝头"译为吴、闽、粤语,于是它们也就缺少这一个词。反过来说,北方没有"龙眼"(闽粤的果名),北方的词汇里自然也没有它。遇着这种情形,若要翻译,就只好用硬译法。例如我们对广东人说北京有一种"窝窝头",再详细描写"窝窝头"是怎样的形式与滋味。他们既然没有这种概念,听来总难免隔膜,这是没有法子的事了。

由此看来,各地词汇是参差不齐的,我们切不可误以为甲地某词在乙地一定有某词与它相当,尤其不可误认甲地某一个词仅与乙地的某一个词相当。词汇的参差形成了方言的参差;将来全国交通发达,参差的程度就会大大地减低了的。

第四节　古今词汇的演变

无论任何语言,其古今词汇的演变,都可分为三种方式:(甲)缩小式;(乙)扩大式;(丙)移动式。

(甲)缩小式,例如法语 sevrer,出于拉丁 separare,原是"使分离"的意思。无论使任何物分离,都用得着这动词。后来它的意义范围渐渐缩小,末了,只指使婴儿与乳分离而言,等于汉语所谓"断乳"。(乙)扩大式,例如英语 triumph,出于拉丁 triumphus,原是"凯旋"的意思(指堂皇的凯旋仪式),后来它的含义渐渐扩大,可以泛指一切胜利而言。(丙)移动式是概念与词的相配关系发生移动。例如法语 bouche(口),出于拉丁语 bucca,原是"颊"的意思。从"颊"转到"口",所以叫作"移动式"。当然,缩小与扩大也往往由于移动,但移动却不一定就是缩小或扩大。

(甲)缩小的例子,在中国字书中,颇为罕见。"瓦"字,《说文》注云:"土器已烧之总名。"《诗经·小雅·斯干》:"乃生女子,……载弄之瓦。"毛亨《传》云:"瓦,纺塼也。"纺塼绝不是屋上的瓦。但现代一般人口里的"瓦"字,却专指屋上的瓦而言。著字书的人,大约比较喜欢从狭义引申到广义,所以对于这一类缩小式的演变,不大记载下来。然而在现代白话里,我们可以举出颇多的例子。例如

"肉"字,本是一切肉类的通称;但当我们叫人去买两斤肉的时候,所谓肉,绝不是指一切的肉,却是专指猪肉而言。由此类推,"买猪肝"可以说成"买肝","买猪肚子"可以说成"买肚子"。又如"屋"字,本是指一所房屋而言,但北京人所说的"屋子",只指的是一个房间。又如苏州人单说"饭",是指午饭而言;单说"房",是指卧房而言。

这种从大范围转到小范围的演变,往往是某一部分的意义渐占优势所致。"肉"的意义缩小为"猪肉"的意义,正因为汉族人在肉类中最常吃的是猪肉。苏州的"饭"字专指午饭,也许因他们把午饭看得重要些,也许因午饭在晚饭之前。至于"房"字专指卧房,更易解释,因为客房、书房、茅房之类,都比不上卧房重要的缘故。

实际上,当我们应用任何一个词的时候,它的意义也往往比字典里的意义缩小些。例如牧牛人说的"把畜牲赶回家去",这里"畜牲"指的是牛;如果这句话到了牧羊人的口里,"畜牲"却指的是羊。又如卖水果的小贩所谓"旺月"(生意很好的时节),与开戏院的人所谓"旺月",其含义也各有专指的。

(乙)扩大的例子就数不清了。譬如:

(例字)	(古义)	(今义)
雄	鸟父也	动物之阳性者

雌	鸟母也	动物之阴性者
双	两鸟也	犹言"一对"也
雏	鸡子也	鸟类之幼子
莲	荷实也	荷也
登	上车也	升也

都是从很狭的意义转到很广的意义的。古人所谓"引申",多数就是我们这里所谓扩大式。

极狭的意义,如果不扩大,就有被废除的危险。例如:

薸　苕之黄华也(音"标")
䒰　苇华也(音"迢")
梂　栎实也(音"求")
馰　马白额也(音"的")
㸬　二岁牛也(音"贝")
羳　黄腹羊也(音"烦")

以上六字皆见于《尔雅》,只因意义太狭,后来又不扩大,只有渐趋于消灭了。消灭之后,原来一个词所能表示的意义,现在只要不怕累赘,用两三个词去表示,就行了。例如现代不用"㸬"字,我们要说"二岁牛"就说"二岁牛",不是一样地能够达意吗?

（丙）移动的例子也很多。譬如"走"字原是快步的意义，但现在官话里的"走"字却变了慢步的意义了。"媳妇"原是子妇的意义，但现在北京一般人所谓"媳妇儿"，却是指"妻"而言的了（子妇则称为"儿媳妇"）。最有趣的是五官感触的调换。例如，"闻"字原是耳的感受，但现在官话与吴语里的"闻"字却等于文言的"嗅"字，变了鼻的感受了；"听"字原是用耳的一种行为，但现在广西南部该说"嗅"的也说"听"。北京的"闻一闻"等于广西南部的"听一听"（辽东半岛一带也以"听"字当"嗅"字用）。"闻"字在现代官话与吴语里，既失了原来耳的感受的意义，于是这耳的感受的意义只好借"听见"二字组合成词，以表示它了。假设古人复活，听见现代北京人说话，一定会诧异说："北京人奇怪极了！我们说的'嗅'，他们偏要说'闻'；我们说的'闻'，他们偏要说'听见'！"这恰像天上的星宿，因为时令不同，都变更了位置了。

上述三种方式，系假定词汇不增不减而言。然而事实上，词汇绝不能不增不减。其增者，系因：（一）新事物的产生或输入；（二）新观念的产生或输入。其减者，系因旧事物的消灭。

新事物，例如"火车""电话"等；新观念，例如"具体""抽象""本能""直观"等。无论新事物或新观念，其词汇之增加，不外三种方式：第一，是创造新字，如"锌""镭""镍"等；第二，是译音，在古代如"菩萨""南无"，在现代如"逻辑""沙发"等（第二与第一的分别，在乎第二类未造新字）；第三，是译意，如"火车""电话""轮船""炸弹"等。

旧事物消灭以后，其词自然也跟着消灭。除非在民间传说中很占势力，如"龙"才能保存在现代的口语里。否则至多只能在古书中保存着它们的名称。《尔雅》许多不经见的动植物名称，大约都属于此类。

另有一种情形，使词汇的增减恰足相抵的，例如吴语称"蝉"为"知了"，在口语里，"蝉"字是死了，却有"知了"一词来替代它。又如《说文》"鲽，比目鱼也"，后世不称鲽而称比目鱼，也是拿"比目鱼"一词来替代"鲽"。在此情形之下，专就一般口语而论，词汇只有变更，而没有增减。除非在文人的口里或笔下，文言里的字眼或古代的词汇都可应用，才令我们觉得有许多同义词的存在，以致词汇的数量也似乎因此增加。

词汇的演变，其理由大致可如上述。我们不能说没有其他的理由，但为避免繁琐起见，只好说到这里为止了。

第五章 文　字

第一节　汉字的起源及其演变

说到汉字的起源，我们会想起结绳的故事。这故事并不是中国所特有的，据说秘鲁古代也有类似的办法，叫作"基波"（quippos），秘鲁所用的绳，有各种不同的颜色；所打的绳结，有各种不同的高度与厚度。众绳错综变化，可以代表思想。中国上古所谓结绳，不知能像"基波"那样复杂否；但至少结绳的事是有的，不能说是古人捏造出来的故事。据说现代也还有结绳记事的民族。

然而我们不能说结绳就是文字。我们必须把记号与文字的界限分别清楚。结绳只是帮助记忆的一种工具：古人解释结绳是"大事作大结，小事作小结"，可见它只能帮助人类记忆事之有无与大小。纵使它真能启示若干概念，也不能与文字相提并论；因为文字的目的在乎表现一切概念，它的作用绝对不是结绳所能比拟的。

那么，汉字的真正起源是什么呢？

先说，在中国文字学，向来有所谓"六书"。依《说文》的说法，六书的名称及定义如下：

（一）象形——画成其物，随体诘诎，"日""月"

是也。

（二）指事——视而可识，察而见意，"上""下"是也。

（三）会意——比类合谊，以见指㧑，"武""信"是也。

（四）形声——以事为名，取譬相成，"江""河"是也。

（五）转注——建类一首，同意相受，"考""老"是也。

（六）假借——本无其字，依声托事，"令""长"是也。

在六书当中，只有转注的定义难懂，以致引起许多争论。其中较有势力的是段玉裁的主张。他说："转注，犹言互训也。"[①] 意思是说"考"可训"老"，"老"可训"考"。

但朱骏声主张修正《说文》的定义。他说："转注者，体不改造，引意相受，'令''长'是也。假借者，本无其意，依声托事，'朋''来'是也。"[②] 为便于解释汉字的实际系统起见，我们赞成朱氏的修正。

依六书的定义看来，它们并不全是文字的起源。象形、指事、会意、形声四者才是造字之法，转注、

---

① 段玉载《说文解字注》第十五卷。
② 朱骏声《说文通训定声》序。

假借二者只是用字之法。前四者能产生新字，后二者不能。所以转注、假借二者与文字的起源完全无关。

说到会意与形声，也显然在象形、指事之后。因为它们是合体字；必须先有单体字，它们才能产生。

剩下来，只有象形或指事可以说是汉字的起源了。向来研究六书的人，或谓象形先于指事，或谓指事先于象形。其实二者是不分先后的。汉族的原始文字，自然是纯粹的"意符"；它们似乎是直接地表示人类的概念，而不着重于表示语音。但我们不要以为文字可以脱离语言而独立存在；当我们阅读文字的时候，即使不念出声音来，心里还是默默地依照语音"读"下去的。古人所谓象形，就是具体的"意符"；所谓指事，就是抽象的"意符"。语言的起源，虽可说是往往由具体变为抽象；但文字的产生，远在语言之后。当汉族有文字时，我们的祖先应该已有很丰富的抽象概念了。由此看来，象形与指事同是原始造字的方法。

六书虽不全是文字的起源，然而它是汉字相当完备时期的一种分类法。我们首先应该明白：古人并非先有"六书"的计划然后造字，而是汉字产生后数千年，然后有些学者定下一种分类法。这种分类法只是后世对于文字分类的一种学说。既是一种学说，就有修正的余地；我们不必像前人把它奉为天经地义。

依我们的看法,汉字可分为两大类:

1. 单体字,古人叫作"文",就是用一个简单的意符来构成的。单体字又可细分为两种:

(甲)具体的东西,可以画出形状来的,就用很简单的几笔,画出一个轮廓来,如"马""牛""竹""木"等。这就叫作"象形"。

(乙)抽象的概念,不可以画出形状来的,就设法把这个概念表示出来,如"上""下""一""二"等。这就叫作"指事"。

2. 合体字,古人叫作"字",就是用两个以上的意符来构成的。合体字又可细分为两种:

(甲)把两个意思合成一个意思,也就是把两个意符合成一个字。这种字多数表示抽象的概念,如"好""伐""武"(止戈)"炙"(肉火)等,这就叫作"会意"。会意近于指事(合体指事)。

(乙)先画出一个意符表示一个概念,但是表示得不明确,于是注上一个音符。音符本来也是一个意符,但它和意义是毫无关系的。如"江""河""湖""海"等。这就叫作"形声"。这种字最多,占百分之九十以上。后代造字,一般总是按照形声的原则来造的。这里我们还要注意有一种追加意符的形声字,例如"裘"本作"求",后加"衣"作"裘";"仰"本作"卬",后加"人"作"仰",等等。但这类字不多。

由此看来，形声字最为后起。迷信《说文》的人，往往从形声字中寻求"本字"，实际上他们却变了舍本逐末！他们以为"专一"的"专"当作"嫥"，"减省"的"省"当作"渻"，"媄"是"美色"的本字，"杕"或"桅"是"桃之夭夭"的本字。这完全是不懂得文字进化史的缘故。

我们讨论汉字，应该知道字式与字体的分别。字式是文字的结构方式；字体是文字的笔画姿态。例如"好"字，左半是个"女"，右半是个"子"，这是字式。它在小篆里写作𗿠，在隶书里写作𰻞，在楷书、行书、草书里又各有其他写法，这是字体的不同。

殷周时代，字式已经大致完备了，字体却正在变迁。大概说起来，古今字体只有两大类。第一类是刀笔文字，其笔画粗细如一，不能为撇捺；第二类是毛笔文字，其笔画能为撇捺，粗细随意。古文、篆书、鸟虫书等，皆属第一类；隶书、楷书（又称今隶）、行书、草书等，皆属第二类。若按时代划分，则字体的演变大致如下：

（一）殷商至春秋之末为第一期。此期用古文。甲骨文及殷商金石文字是古文中之较古者。

（二）战国至秦为第二期。此期用篆书、鸟虫书。

（三）汉代为第三期，用隶书。但草书和行书亦已存在。

（四）东汉至现代为第四期，用楷书。行书、草书只是楷书的速写式。它们是辅助楷书,不是替代楷书。

自然,字式也是随时代而变迁的;不过,我们须特别注意,字式的变迁与字体的变迁并不是并行的进展。二者之间,没有必然的关系。例如从殷商至春秋之末,形声字与日俱增,字式可以说是时时刻刻在变迁了,然而字体却大致不生变化。又如"蹤"字之写作"踪",至早是宋代才有的;宋元以后,"蹤"字的字式增加了另一种,然而这与字体完全无关。谈文字进化史的人们,对于这一种分别,是应该非常看重的。

第二节 形声字的评价

如果说世界各族语都经过象形的阶段,那么,它们也一定经过形声的阶段。人类先有语言,后有文字,所以象形字一定可以读出一个音来,遇必要时,这象形字便可当作音符之用。依古埃及文字而论,形声字可有两种:①

(甲)同一事物而有两种名称,则加音符以为分别。例如✧象锄形,但"锄"有 mer 与 hen 两音,mer 音在古埃及文里写作◯,hen 音写作 ⚑,故"锄"字有下列两式:

---

① 举例采自 P.Keraval, Le Langage Ecrit, P.27。

    㲼其音同 mer　　㲽其音同 hen

（乙）同一语音而代表几种事物，则加意符以为分别。例如我们已知㲼是 mer 音，但念 mer 的字不一定都是"锄"的意义，有时候却是"眼""箱""蛇""受苦"等意义，故再加意符如下：

㲼⌒眼也　㲼□箱也　㲼～蛇也　㲼✕受苦也

汉语的形声字，以后一种为最常见。百分之九十以上的汉字，都属于此类。这因为汉字是单音字，同音同义的字特别多，非加意符以为分别不可。① 形声字虽说是一边意符（或称形符），一边音符（或称声符），但音符也是由意符变成的。例如"沐"字，篆书作㵞，左边是水形，右边是木形，但右边只是一个音符，完全失去了"木"的意义了。

音符与其所组成的字不一定同音。例如以"咸"为音符的字可以有下列数种声音：

鹹	ɕian
缄（平声）　减（上声）	tɕian

---

① 这是就文字的功用来说。若就形声字的起源来说，我们觉得还是先画一个形旁，再加上一个音符较为近理。例如"江"字，是先画一条水，后来觉得一条水不一定是江，所以再注上一个声音。

喊	han
箴 铖	tṣən

又如以"甬"为音符的字，可以有下列数种声音：

勇	yung
通（平声） 桶（上声） 痛（去声）	tʻung
诵	sung

这是原始就故意造成不同音呢，还是后世的音变呢？关于这一点，现在还没有定论。不过，单就这些现存事实看来，形声字已经不是很便利的东西，因为我们并不能凭借音符正确地读出那字的音来。

除此之外，现代形声字的毛病还有六种：

（一）字式变易，以致音符难认。例如：

"读"——賣声（賣，余六切）。今与"卖"混。
"郤"——谷声（谷，其虐切）。今与"谷"混。
"郭"——𩙿声（𩙿，古博切）。今与"享"混。
"执"——㚔声（㚔，尼辄切）。今与"幸"混。
"稽"——禾声（禾，古奚切）。今与"禾"混。
"哉"——才声。今"才"形不可识。
"書"——者声。今"者"形不可识。
"華"——亏声（亏，同于）。今"亏"形不可识。
"喪"——亡声。今"亡"形不可识。

"往"——坒声(坒,户光切)。今"坒"形不可识。
"定"——正声。今"正"形不可识。
"適"——啻声。今"啻"形不可识。
"飲"——酓声(酓,於琰切)。今变为"食"旁。
"急"——及声。今"及"形不可识。
"龑"——龖声(龖,徒合切)。今"龖"形不可识。

(二)字音变易,以致音符不像音符。例如:

"等"——寺声。"寺""等"古音相近,今音则甚远。
"義"——我声。"我""義"古音相近,今音则甚远。
"醋"——昔声。"昔""醋"古音相近,今音则甚远。
"蕭"——肃声。"肃""蕭"古音相近,今音则甚远。
"迪"——由声。"由""迪"古音相近,今音则甚远。
"贿"——有声。"有""贿"古音相近,今音则甚远。
"偷"——俞声。"俞""偷"古音相近,今音则甚远。
"否"——不声。"不""否"古音相近,今音则甚远。

（三）字义变易，以致意符不像意符。例如上文第四章第二节所举的"检"字，《说文》云："书署也"，大约就是书架上的小木签，以便检查书籍的。后来，引申为"检查"的意义，大家就忘了它原是木制的书签，于是"木"旁再也不像一个意符，我们也就不能明白为什么"检"字从"木"了。依普通常识推测，检查的"检"字如果从"手"作"捡"，不是更合理吗？近来学生笔下的别字，有许多是由此而起的。

（四）同音的音符太多，以致误用甲音符替代乙音符。在上古时代，凡是纯粹的形声字，它的音符都是可以随便采用的。例如"桐"字，从"同"固然可以，从"童"作"橦"也未尝不可。假使我们的远祖把"桐"字写作"橦"，自然也一样地合理。但是，自从"桐"字创造了之后，约定俗成，我们就不许另写作"橦"了。正因如此，所以形声字容易误写。

（五）对于一个概念，可用的意符不止一个。有些字，从这个意符固然很对，从那个意符也说得通。我们有什么理由去说明"哑"字不该写作"疋"？但是，古人已经用了甲意符，我们就不许再用乙意符。除了很少数的例外(如"唇""唇"通用，"误""悮"通用)，我们只好硬记着古人的习惯。于是"躲避"

不许写作"趍避","鞭子"不许写作"鞭子"。为什么？简单的回答就是因为你不是古人！甚至很不合理的形声字，也只好保留着。例如"骗"字本是"跃而乘马"的意义，毫无诓骗的意思。后来有人借用为诓骗的骗，相沿成为习惯，大家也只好写个"马"旁；如果有人写作"谝"，我们就说他是写别字。其实，平心而论，"言"旁不是比"马"旁好些吗？

（六）形声字的原则深入群众脑筋，以致误加意符。其本有意符而赘加者，如"甞"误作"嚐"，"感激"误作"憾激"；其本无意符而误加者，如"灰心"误作"恢心"，"夹袍"误作"袷袍"，"安电灯"误作"按电灯"，"包子"误作"饱子"。这一类的别字，是尚为一般文字学者所指斥的；然而古人也未尝不犯同样的毛病。例如"原"本从"水"（今变为从"小"），再加水旁作"源"，"然"本从"火"，再加"火"旁作"燃"，这不是本有意符而赘加吗？"纹"本作"文"，"避"本作"辟"，这不是本无意符而误加吗？不过习非成是，经过社会公认，就不再受指斥罢了。

由以上各节看来，形声字的流弊很多，汉字容易写错，就是这个缘故。形声字为什么不像西洋文字那样变为拼音字呢？这因为古代汉语单音词太多，同音异义的词也就太多，非形声字不足以示区别。现在复音词已经大大地增加了，将来是会走上拼音的道路的。

附 录

字的写法、读音和意义

一、字　形

汉语的文字学，一向分为形、音、义三部分来讲。字形是字的结构形式，字音是字的读音，字义是字的意义。这种分法，直到现在还是适用的。这里所讲的形、音、义，都是举例性质；因为不可能说得很详尽，而且没有这个必要。

现在先讲字形。我们不想根据什么六书来讲；只是分析一下怎么样的字才算是正确的字。所谓正确的字，就是全社会或全民族通用的字。

（一）正字和俗字

从前的文字学家们对于汉字的正字法，有一种不正确的看法。他们以为最古的字形才是正确的字，或者说根据传统的字典写法才是正确的字。有些字，虽然全社会通用了，仍被认为"俗字"。例如"胆"被认为"膽"的俗字，"还"被认为"還"的俗字等。在汉字还没有简化的时代，"膽""還"一类的字算是正楷，印刷必须用它们，正式文件的抄写必须用它们。最可笑的是：有一类字，连正式文件的抄写也可以用它们了，但是仍然被认为俗字。例如"脚"

字已经能算是正楷了,字典里还要说它是俗字,并且说正字是"腳"。而这个"腳"啊,连文字学家们自己都不会这样写它的!又如"者"字,据说中间应该有一点(即"者")才是正字,但是咱们看见过谁写那一点呢?总之,如果全社会都通用的字,哪怕它本来是俗字,也应该认为是正字。拘泥于古代字典的写法,把全社会都不通用的字看作是正字,那是错误的。

事实上,经过了初步的文字改革,汉字简化了,许多"俗字"已经被正式承认为正字了,而原来的正字只能在古书上见面了。例如(左字是原来的俗字,右字是原来的正字):

罢罷	宝寶	备備	办辦	帮幫	标標	边邊
庙廟	奋奮	妇婦	复復	达達	导導	担擔
当當	党黨	灯燈	邓鄧	敌敵	点點	独獨
夺奪	队隊	对對	断斷	动動	态態	头頭
垫墊	体體	铁鐵	条條	听聽	团團	难難
拟擬	农農	离離	疗療	辽遼	刘劉	联聯
灵靈	罗羅	乱亂	龙龍	开開	盖蓋	赶趕
国國	过過	归歸	龟龜	关關	观觀	广廣
巩鞏	块塊	亏虧	华華	画畫	获獲	怀懷
坏壞	会會	欢歡	还還	击擊	际際	积積
极極	继繼	阶階	旧舊	艰艱	歼殲	尽盡

仅僅	进進	惊驚	惧懼	举舉	剧劇	齐齊
窃竊	迁遷	庆慶	区區	权權	劝勸	习習
协協	献獻	响響	兴興	选選	执執	这這
战戰	种種	厂廠	称稱	惩懲	虫蟲	产產
实實	势勢	晒曬	寿壽	伤傷	审審	声聲
胜勝	双雙	让讓	灶竈	总總	辞辭	参參
惨慘	蚕蠶	扫掃	苏蘇	虽雖	爱愛	碍礙
叶葉	医醫	义義	压壓	优優	邮郵	养養
样樣	蝇蠅	应應	务務	万萬	与與	远遠
运運	拥擁					

上面所举的例子，有些是通行了几百年的老俗字，如"宝""边""庙""当""党""担""对""断""头""体""铁""条""听""难""拟""刘""灵""罗""乱""国""过""归""龟""观""坏""会""欢""还""惊""继""旧""尽""惧""举""齐""窃""权""献""响""兴""执""这""称""虫""实""势""晒""寿""声""双""灶""辞""参""蚕""苏""碍""义""蝇""应""万""与"等；有些是最近几年或十几年才通行的新俗字，如"达""敌""队""农""开""广""华""击""歼""进""庆""习""厂""产""审""胜""让"

"优""样""务""拥"等。到了现在，它们都取得了合法的地位。

俗字是人民创造的，现在俗字取得了合法的地位，汉字简化了，人民学习文字减少了困难，这是人民的胜利。但是，我们能不能由此得出结论，说人们可以随便创造文字，而不必遵守正字法呢？不，我们不能这样说。文字改革的工作是要给人民学习上的方便，不是给人们添麻烦。汉字简化了，大家写起来节省时间，这是好的；但是简化要有一定的格式，决不是今天你造一个字，明天我造一个字，使汉字进入了无政府状态，不再有规范可言。假使汉字是没有规范的话，咱们认字就会发生困难了。现在汉字简化的工作还没有完成，如果大家创造了好的简化字，可以向中国文字改革委员会提出建议，将来由政府正式公布，就可以用了。但是，没有经过政府公布的简化字仍然应该被认为是违反正字法的。

有些字，本来有两种以上的简化形式；但是，由于汉字不能没有规范，政府只能选择一个来公布。这样，被择定的一个应该认为是正字，未被选择的一个（或更多）应该认为是俗字。为了维护正字法，这种俗字是应该避免的。在下面所举各组的简化字当中，第一个字是正字，其余一个（或更多）是俗字：

导孖　邓邘　国囯　关関　广庬　块圤　画昼
汉汗　图圶　价価　齐斉　庆庆　寿壽　胜胂
与与　阶阤　护䕶　严厳　杂什

总之，为了维护汉字严格的规范，咱们仍旧应该提倡正字，避免俗字。不过咱们对俗字的看法已经和从前文字学家们的看法有本质上的不同：从前文字学家们为了复古，所以他们反对俗字；现在咱们为了人民学习的便利，已经把大量的"俗字"提升为正字。咱们只是不希望一个字有几个形体，所以除了正体之外，只好认为俗字了。

（二）异体字

上节说过，咱们不希望一个字有几个形体，否则汉字就缺乏严格的规范。但是，在传统的写法中，就有许多字是不止一个形体的。这在古人叫作通用字。例如"綫"和"線"是通用字；古人认为两种写法都不算错。有些字的写法可以多到四种以上，例如"暖"字又可以写作"煖""晅""煊"；"橹"字可以写作"艣""艪""樐""櫓"。实际上，这是增加人民学习上的负担。咱们应该做到字有定形，有定数。因此，应该废除那些异体字。这就是说，每一个字如果有两个以上的形体，就只择定一个，其余都认为异体字，它们将从印刷厂的排字房里被清除出去，咱们写字的时候也不再写它们。

现在我们举出一些比较常见的异体字为例。在这些例子当中，每一组的第一个字被择定为正字，其余都是被废除了的异体字：

霸覇	钵缽	驳駁	柏栢	杯盃
褒襃	坂阪	奔犇	逼偪	秘祕
弊獘	飚飆	遍徧	冰氷	并併並竝
炮砲礮	匹疋	凭凴憑	瓶缾	骂駡
麻蔴	脉脈衇	觅覔	妙玅	绵緜
凡九	泛氾	蜂蠭	峰峯	俯俛
附坿	捣擣	豆荳	淡澹	凳櫈
堤隄	蝶蜨	吊弔	睹覩	妒妬
朵朶	遁遯	叹歎	剃薙	啼嗁
同仝	拿舁拏挐	奶嬭	乃迺	昵暱
年秊	娘孃	泪淚	懒嬾	厘釐
犁犂	狸貍	璃瓈	留畱	奁匲
炼鍊	帘簾	麟麐	吝悋	梁樑
粮糧	戮勠	裸躶臝	略畧	阎閰
歌謌	丐匄	皋臯	糕餻	够夠
钩鉤	耕畊	粳稉秔	雇僱	菇菰
挂掛	果菓	橄槚	怪恠	阔濶
管筦	馆館	躬躳	咳欬	考攷
裤袴	馈餽	况況	核覈	和咊龢

恒 恆	辉 煇	回 迴	混 溷	鸡 鷄
迹 跡 蹟	劫 刧 刦	杰 傑	剿 勦	脚 腳
厩 廐 廄	韭 韮	笺 牋 椾	剑 劒	鉴 鑑
奸 姦	剪 翦	荐 薦	紧 緊	僵 殭
斤 觔	阱 穽	径 逕	净 淨	巨 鉅
据 據	俊 儁	炯 烱	迥 逈	棋 碁 棊
栖 棲	凄 淒 悽	旗 旂	弃 棄	憩 憇
荠 薺	丘 坵 邱	虬 虯	鳅 鰌	球 毬
抢 搶	强 強 彊	墙 牆	䰾 鰌	却 卻 郤
券 劵	群 羣	裙 帬	溪 谿	晰 晳
席 蓆	膝 厀	厦 廈	邪 衺	蟹 蠏
蝎 蠍	泄 洩	继 继	鞋 鞵	携 攜 擕
笑 咲	效 効 傚	修 脩	绣 繡	衔 銜 啣
弦 絃	仙 僊	鲜 尠 尟 鱻		闲 閒
䤋 釁	饷 餉	向 嚮	叙 敍 敘	勖 勗
恤 卹	婿 壻	靴 鞾	喧 諠	萱 蘐
璇 璿	勋 勛	寻 尋	巡 廵	凶 兇
胸 胷	置 寘	踪 踨	只 祇 秖	志 誌
纸 帋	辄 輙	扎 紥 紮	谪 讁	哲 喆
慑 慴 懾	寨 砦	照 炤	棹 櫂	周 週
咒 呪	帚 箒	盏 琖 醆	耻 恥	痴 癡
敕 勅 勑	察 詧	蠲 蠲	酬 酧 醻	绸 紬
瞋 瞋	尝 嚐 嘗	场 塲	撑 撐	澄 澂
锄 鉏 耡	锤 鎚	船 舩	唇 脣	菀 蔓

创剏	窗窻窻牕牎		床牀	冲沖翀衝
虱蝨	尸屍	湿溼	謚諡	实實寔
时旹	视眡眂	射躲	删刪	膳饍
慎昚	升陞昇	剩賸	竖豎	疏疎
薯藷	绕遶	饪飪	衽袵	箸筯
蕊橤蘂蕋		睿叡	软輭	熔镕
灾灾烖菑		噪譟	皂皁	赞賛讚
咱喒喒偺俗		匝帀	葬塟	罪辠
樽罇	踪蹤	棕椶	粽糉	词瓹
辞辭辤	糙糙	厕廁	策筞	才繧
踩跴	采採	彩綵	草艸	凑湊
惭慙	粗觕麤	脆脃	村邨	匆怱怱
葱蔥	饲飤	祀禩	俟竢	似佀
洒灑	涩澁濇	腮顋	搜蒐	伞繖
溯泝遡	诉愬	苏蘇甦	笋筍	胳齃頸
讹譌	额額	扼搤	鹅鵞鵝	厄阨戹
碍礙	呆獃騃	鳌鼇	庵菴	暗闇晻
鞍鞌	移迻	鸦鵶	丫枒椏	野埜壄
耀燿曜	咬齩	夭殀	药藥	游遊
雁鴈	验驗	烟煙菸	胭臙	咽嚥
檐簷	岩巖喦	焰燄	艳豔	宴讌
殷慇	饮歠	淫婬	吟唫	姻婣
映暎	污汙	坞隖	蛙鼃	袜襪韈韤
挽輓	浣澣	玩翫	碗盌椀	吻脗

蚊蟁蟁　瓮甕罋　于於　欲慾　逾踰
愈癒瘉　岳嶽　　猿猨猨　韵韻　用佣
咏詠　雍雝

上面所举的这些异体字，在从前的时候，多数是完全通用的，例如"霸覇""缽鉢""杯盃""逼偪""秘祕"等等；但也有一些不是完全通用的。例如"匹""疋"虽说通用，那只是说"布一疋"可以写成"布一匹"，并不是说"马一疋"也可以写成"马一匹"。"水果"的"果"有人写作"菓"，"果然"的"果"并没有写作"菓"；"席子"有人写作"蓆子"，主席并没有人写作"主蓆"。"鲜"字当"少"字讲的时候，有人写作"尠"或"尟"，当"新鲜"讲的时候，有人写作"鱻"，并不是"尠""尟"和"鱻"也能通用。其余由此类推。

在文字改革的初期，还不能希望完全消灭异体字。但是咱们只要从这一方面努力做去，将来一定可以达到目的。首先是在报纸杂志在基本上消灭异体字，其次在教小学生的时候，不再教异体字。这样，将来一般人不再认识异体字，也就不再写它们了。

正如将来有少数人研究繁体字（如"聽""體""觀""關"）一样，将来也要有少数人研究异体字；因为咱们不可能把所有的古书都重新印刷一次,更不应该把古代的善本书都烧毁了。但是,为了一般人民大众的利益,简化汉字和废除异体字的政策是完全正确的。

(三)合流字

汉字自古就有同音代替的办法。例如"闢"字在上古写作"辟"(《诗经》说:"日辟国百里")。这种同音代替的办法是值得推广的,因为这样做有两个好处:第一,可以减少汉字的总数,例如"闢"字可以从一般字典里删去;汉字总数减少了,就可以减轻人民学习上的负担。第二,可以为将来汉字拼音化作准备。有人怀疑汉字的同音字太多了,拼音化有困难,不知道有上下文的帮助,许多同音字都有它们的特定意义,例如咱们写"开辟"两个字连在一起,这个"辟"字也就一定是"闢"的意思。将来的拼音文字,在原则上,同音字就用同一写法。现在咱们先培养同音代替的习惯,对将来拼音文字的推行是有好处的。

首先,古时同音代替的字,应该让它们合流起来,这就是说,应该让代替者永远代替下去,把被代替的字废除。在下面所举的每一组同音代替的字当中,第一字是被择定了作为正字的字(因为它的笔划比较简单,咱们选择了它,就等于简化),第二字是被废除了的字:

辟闢　凭憑　丰豐　范範　涂塗　了瞭　后後
胡鬍　累纍　借藉　尽儘　秋鞦　千韆　向嚮
象像　准準　个個　含捨　云雲　别彆　卷捲
表錶　才纔　家傢　踊踴

其次，近代和现代通用已久的同音字（有些在北方同音，有些在南方同音），也应该让它们合流起来。在下面所举的每一组同音代替的字当中，应该根据群众习惯，把第一字认为正字，把第二字废除了：

板（老板）闆　苹蘋（蘋果）　面麫
里裏　谷穀　划劃　价價　姜薑
纤縴　曲麯　只祇　只隻　台臺
出齣　刮颳　笔筆

其次，在不妨碍了解的条件下，还应该更广泛地利用同音代替法。中国文字改革委员会已经采取了这样一个步骤，审定并创造了例如下面的一些同音代替的合流字（有些在全国同音，有些在北方同音，有些在南方同音）。在每一组同音字当中，第二字被废除了：

郁鬱　仆僕　霉黴　蒙矇　蒙濛　弥瀰　蔑衊

发(發)髮	斗鬥	当噹	迭疊	淀澱	冬鼕
台颱	台柏	坛(壇)罈	娄嘍	历(歷)曆	
干乾	克剋	困睏	合閤	回迴	签籤 系係
咸鹹	旋鏇	致緻	制製	折摺	征徵 症癥
筑築	丑醜	冲衝	沈瀋	术術	粲燦 松鬆
恶噁	苏囌	仪彝	注窪	余餘	御禦 吁籲

合流字是经过一番考虑的。主要有下面的两种情况：第一种情况是两字的意义本来就有密切的联系，如"蒙"和"矇"、"霉"和"黴"、"系"和"係"、"冲"和"衝"、"签"和"籤"；第二种情况是第一字的原来意义在现代汉语里已经用不着了，如"蔑"（没有）、迭（屡次）、咸（都）、筑（古乐器）、丑（地支名）、粲（精米）、余（我）、御（驾驶车马）、吁（叹）、郁（有文采）等。"术"也算这一类，因为除了中药的"苍术""白术"就用不着这"术"字的原来意义了。这样审定或创造合流字，是不会损害文字的明确性的。

这种合流字是汉字简化的重要手段之一，因为所谓简化，不但要精简汉字的笔划，而且要精简汉字的数量。合流字既精简了汉字的笔划，又精简了汉字的数量，所以这个办法是好的。至于可能有个别字精简得不妥当，那还是可以从实践中纠正过来的。

（四）分化字

一个字不一定只有一个意义。当一个字有了两个意义的时候，用起来是不很方便的；群众要求分别，索性在字形上分成两个字。这分出来的字大多数当然也被文字学家们认为是俗字；但这些俗字因为受到群众的拥护，终于取得了合法的地位。下面试举出一些例子。

【著—着】本来只有"著"字，后来分化为"著""着"。"著"是"著名""著作"的"著"，"着"是"着落""沉着"的"着"。虚字的"着"也写作"着"。

王先生恰巧摇着扇子走过来。

【沈—沉】本来只有"沈"字表示"沉没"。后来"沈"字专用于"姓沈"（现在兼用于"沈阳"），分化出一个"沉"字来表示本来的意义。

被鱼雷击中的那一艘敌巡洋舰终于在五日九点十分钟沉下海底了。

【分—份】"份"是从"分"分化出来的；"份"念去声，"分"念平声。但是这种分化还不十分清楚。现在"部分"的"分"和"分量"的"分"，一般都还写作"分",可见"分"字也念去声。但是"三份客饭""一份报纸"的"份"就只写作"份"。

【火—伙】从前"伙伴"只写作"火伴",没有"伙"字。后来为了分别,群众创造"伙"字。"伙食"的"伙"也写作"伙"。

【那—哪】本来"哪"字只表示语气(又旧小说中有"哪吒"是人名),和"那"字没有关系。表示疑问的"哪"在旧小说里都只写作"那"。后来群众借用"哪"字作为"那"的分化字,表示疑问。

卖?今年谁还缺这个?向哪里卖去?

【罢—吧】本来"来吧""去吧"的"吧"在旧小说里都写作"罢"。后来为了要同"罢休"的"罢"区别开来,"来吧""去吧"的"吧"才写成了"吧"。

快去把他请来吧!

【磨菇—蘑菇】

你说的是蘑菇吗?

【利害—厉害】"利害"是本字,现在所谓"厉害",在旧小说里都写成"利害"。"厉害"是后来分化出来的,因为这样可以同"利害相权"的"利害"区别开来。

合纵派跟连横派斗争得非常厉害。

【计画—计划】"计划"本来写作"计画"(孙中山的《实业计画》),后来为了同"图画"的"画"区别开来,所以写成了"劃"(现在简化为"划")。

争取在今年十一月内完成全年的生产计划。

【一画——一划】"笔划"本来写作"笔画",也是由于同"图画"的"画"区别开来,所以写成了"划"字。

一只大手狠狠地捉着钢笔脖子,左一划,右一划。

"云"字表示"云雨"的"云",后来"云"被借用为"云谓"的"云",于是人们另造一个雨头的"雲"和"云谓"的"云"区别开来。由此类推,"闢"是由"辟"分化出来的,"捨"是由"舍"分化出来的,"卷"是"捲"分化出来的,"傢"是由"家"分化出来的。只不过分化的时代不同罢了。现在文字改革,为了精简汉字的数量和笔划,又让它们重新合流起来。

群众是喜欢简笔字的;但是,为了要求分别,又宁愿加口,加手,加足,加人,加草,加木,把笔划增繁。现在咱们做汉字简化的工作,就要看具体情况,分别处理。分化字确实适合人民需要的,即使多写几笔,仍旧应该保存下来。例如上面所举的"哪"字的口旁,"伙"字的人旁,"份"字的人旁,"蘑"字的草头,都是不能简化的。但是,另有一些可以不必分别的字,就应该让它们合流起来的好。下面试举出一些例子:

1. 念字。——本来已经有许多人把"念书"的"念"写成"唸",让它和"想念"的"念"区别开来。现在"唸"字被当作异体字来废除了。

2. 尝字。——本来有些人把辨别滋味的"尝"写成"嚐",让它和曾经的"尝"区别开来,现在也被作异体字来废除了。

3. 背字。——本来有人把动词的"背"(平声)写作"揹",以区别于名词的"背"(去声)。现在废除了"揹"。

4. 扇字。——有人把动词的"扇"(平声)写成"搧",以区别于名词的"扇"(去声)。由"揹"字类推,"搧"字也该在废除之列。

5. 登字。——有人把"登三轮儿"的"登"写作"蹬"。字典也收了这个字。但这种分别没有必要。

6. 种子。——有人把"种子"写成"种籽"。这种分别没有必要。

整个汉字的历史就是简化和繁化的矛盾的历史。人们为了写字的便利,所以要求简化;同音代替,在某种情况下,也是为了简化(如以"台"代"臺")。但是,人们为了认字的便利(为了使别人更容易看懂),却又要求分化。固然,分化不一定就是繁化,从上面所举的例子看来,"着"和"著"、"沉"和"沈"都是同样的笔划,"吧"比"罢"、"划"比"画"还减少了几笔;但是,汉字的分化,基本上是朝着繁化的方向走去的。"云"和"雲"、"辟"和"闢"、"舍"和"捨"、"卷"和"捲",一直到"念"和"唸"、"甞"和"嚐"、"背"和"揹"、"扇"和"搧"、"登"和"蹬"、"子"和"籽"。这许许多多的例子都说明了繁化的道理。这因为汉字的构成有一个重要的原则,就是所谓"形声字"。所谓形声字,是把一个汉字分为两部分,一部分是意义偏旁(所谓形符),另一部分是声音偏旁。汉字当中,有百分之九十以上是这种形声字。这一个造字原则深入人心,群众利用这个原则来分化字形,那是很自然的事。今后这一类的分化字还不能在笔下完全绝迹,甚至还有新的分化字产生出来。为了维护正字法,凡是已经废除了的异体字(包括废除了的分化字在内)不应该认为正字，也就是说，不应该再在书籍、报纸、杂志上出现。至于汉字简化和繁化的矛盾的根本解决，有待于文字的根本改革。所谓根本改革，就是走上拼音的道路。

（五）译名

大多数的译名只是译出一个声音来。汉字的同音字很多，译的人不止一个，所以译名很难统一。汉语方言复杂，音译更不容易一致。但是，已经通行了的译名，不应该另造一个来代替它。例如"斯大林"，本来有人译作"史太林""史达林"等，现在已经统一了。

【布尔什维克—布尔塞维克】

同志们，我们布尔什维克号召的工农革命已经实现了。

过去有人译过"布尔塞维克"，现在已经一致用"布尔什维克"了。

【卢梭—卢骚】

圈点得最密的是华盛顿、彼得大帝、惠灵吞、卢梭、孟德斯鸠和林肯这些人的传记。

最初有人译作"卢骚",现在一般都译作"卢梭"了。

有些译名是因为译得和原音比较接近而获得更多群众的拥护,例如"卢梭"的读音就比"卢骚"更像法文的原音。法国文学家"雨果"最初被译成"嚣俄",后者因为声音太不像,所以被前者代替了。俄国文学家"契诃夫"也曾一度被译成"柴霍甫",但是,江浙人读起来,"柴"字太不像原音了,所以终于变成了"契诃夫"。

(六)别字

所谓别字,是本该写这个字,却写成另一个字去了("别"就是"另"的意思)。学生笔下的别字很多,这里不能一一细说。现在只举出几个例子。

【成绩—成积】

等我们干出成绩来,还可以上北京去见毛主席呢。

"成绩"的"绩"是"功绩"的"绩","成绩"的本来意思就是"成功"。有些人误会是"积累"起来的"积"。

【向导—响导】

你们是不是亲自找向导调查了？

"向导"的"向"，应该是"方向"的"向"，不应该是"声响"的"响"。

【戍—戌】

克里姆林的卫戍司令官说："列宁同志也参加今天的义务劳动。"

"戍"是"戍守"；"戌"是干支名（例如"戊戌政变"是发生于戊戌年，即1898年）。

【氾—汜】

据说那时候黄河氾滥。

"氾"是"氾滥"；"汜"音似，水名。

此外，还有一种分化字，因为造得不好，应该只认为别字（别字是必须纠正的）。最典型的例子是"包子"写作"饱子"，"面包"写作"面饱"。

下了种就会有面包了吧?

注意:这里并没有写作"面饱"。

包子因为有馅儿包在里面,所以叫作"包子"。"面包"大约是由"包子"的意思转变过来的。写成"饱"字,不但不合理,而且不合分化字的原则,因为它和"饥饱"的"饱"混起来了。

别字往往是同音字。但是,汉语的方言复杂,甲地同音,乙地未必同音。因此,教师应该注意学生的方言,好纠正他们的别字。

北方的别字,例如:

【艰苦—坚苦】

"艰苦"和"坚苦"都有意义。前者是艰难困苦的意思;后者是坚强耐苦的意思。

【绝对—决对】

"绝对"是没有相对的,所以叫作"绝"。"决对"不成话。

【驱使—趋使】

"驱使"是驱马一样地迫使别人做事,"趋使"不成话。

吴语的别字,例如:

【过问—顾问】

"过问"有干涉的意味;"顾问"有咨询的意味。

【固然—果然】

"固然"有"虽然如此"的意思;"果然"有"不出所料"的意思。

【声明—申明】

"声明"是把话说清楚,正式告诉大家,以表示自己的态度的意思。吴语"声""申"同音,许多人误写成"申明"。("申明"是郑重说明的意思。)

粤语的别字,例如:

【少数—小数】

"少数"是"多数"的反面;"小数"是数学名词,定点以下叫作"小数"。广州一带的人"少""小"

同音,许多人误把"少数"写成"小数"。

【澈底—切底】

广州一带的人"澈""切"同音,有人误把"澈底"写成"切底"。

客家话的别字,例如:

【太阳—大阳】

客家话"太""大"同音,往往有人误把"太"字写成"大"字。

(七)错字

别字是误用了另一个字("别"就是"另"的意思);错字不是另一个字,而是笔划写错了,不成字。例如:

【模糊—糢糊】

神志有点糢糊不清。

"模"受"糊"的同化,有时误写成"糢"。"糢"字在解放前相当流行过,排字房里有它的铅字,解放后才纠正过来了。

其他像"锻冶"的"锻",右边不能像"假"字;"警惕"的"惕",右边不能像"扬"字。常常有人犯这一类的错误,这里不细说了。

此外,还有地方性的错字。例如"蛋"字,广东人写作"蛋";"诞"字,广东人写作"诞"。如果一个广东人看见另一个广东人写作"蛋""诞",反倒说他写错了。为了保持全国文字的统一性,这种情形是应该纠正的。

(八)意义各别

有时候,两种写法都有意义,只是用途不同。上面所举的"艰苦"和"坚苦"、"过问"和"顾问"、"固然"和"果然"、"少数"和"小数",都是这一类。现在再举两个例子。

【包涵—包含】

算误会了,包涵一点吧。
贴近地面的空气因为温度增高,可能包含了更多的蒸汽。

"包涵"是原谅的意思。本来的意思是像海一般的度量,所以用"涵"字。"包含"是里面包括着某种成分的意思。该用"包含"的地方，用"包涵"还可以；该用"包涵"的地方，用"包含"就不行了。

【一般——一班——一斑】

这也许特殊了一点，一般人不容易理解。
每一排每一班都紧张起来。

"一般"是"普通"的意思（和"特殊"是相对待的），又是"一样"的意思；"一班"是单位名词。"一斑"出于"管中窥豹，时见一斑"的典故，普通说"以见一斑"是让人知道一点儿情况的意思，有时候表示很不够全面，有时候表示由此可以推知一切。

讲究字形，必须注意文字的社会性。咱们应该根据文字的社会性去判断一个字是否正确。全社会通用的字，绝不可能是不正确的字。反过来说，全社会已经不用的字，绝不可能再是正确的字。因此，单纯地根据《说文》一类的字书去判断一个字形的正确性，是完全脱离实际的不科学的文字学。另一方面，咱们也不应该采取自由主义；咱们纠正别字和错字，维持文字的一致性，也正是维持文字的社会性。根据这一个原则，咱们对于合理的分化字（如"沉"字、"着"字）是接受的；对于不合理的分别字(如"面饱")是排斥的。最后,我对于援引古书替别字辩护,是不同意的。例如"太""大"两字不能通用,是现代社会的事实;假使有人把"太阳"写作"大阳",就应该认为别字,绝对不应该援引古书中"大上"(太上)、"大一"(太一)、"大子"(太子)、"大和"(太和)、"大室"(太室)、"大宰"(太宰)、"大师"(太师)、"大庙"(太庙)、"大学"(太学)等例,以为"太"字和"大"字到现代还是可以通用的。从前有些人有这种不正确的看法,咱们应该纠正过来才对。

二、字　音

上文说过,汉语的方言是很复杂的。语文课本所选的,大多数是合于或近于北京话的语体文,最好能依照北京音去读它。但是,照现在全国的具体情况看来,各地的学校还不很够得上这一个条件。我认为在特殊情况之下可以容许用方音来读。用方音来读的时候,只需依照直音(例如"打中"的"中"音众),不必依照拼音字母来读(例如上海人可以把"打中"的"中"字读成 zòng,不一定要读成 zhòng)。

(一)一字数音

一个字可能有两个以上的读音。读音的不同是由于意义的不同。这一类字，有许多是全国一致的，例如"中间"的"中"音钟，"打中"的"中"音众；但也有些是带地方性的，例如在北京话里，"沉着"的"着"念 zhuó，"找着"的"着"念 zháo，"着凉"的"着"念 zhāo（招），"等着他开会"的"着"念 zhe（轻声）。全国一致的分别，必须严格遵守；地方性的分别，就要看用什么语音去念了。假如用北京音来念课文，对于各种不同性质的"着"字自然应该念出不同的语音来，假如用四川音来念，"着"字就只有一个音，用不着分别了。

（甲）普通的例子

【为】音围（wéi），做。

列宁当选为第一届人民委员会主席。

【为】音位（wèi），因为，为了。

为什么只提三门（功课）？
就是为了你们的幸福。
燃烧着为祖国为人民尽忠的热情。
因为列宁把我要告诉他的话全说了。

近来有些人把"因为"念得像"因围"，那是错的。

【好】上声(hǎo),良好。

还没有很好地建立起来。

【好】去声,音耗(hào),喜欢。

爱好劳动。

近来有些人把爱好的"好"念得像良好的"好",那是错的。

【中】音钟(zhōng),中间。

内中有个年老的。

【中】音众(zhòng),打中。

几乎射中了膝盖。
命中了敌舰。
有一天她中了暑。
可是光中看,怕结不了多少葡萄。
又中了连横派的诡计。

他的意见常常是很正确的,很中肯的。

【种】音肿(zhǒng),种子,种类。

她在留作种子的南瓜上都刻了些十字。

【种】音众(zhòng),栽种。

你为什么种那么多?

【分】阴平,音纷(fēn),分开。

就利用"黑白分居"的法律来阻挠。

【分】去声,音份(fèn),天分,名分。

乌里亚诺夫天分很高。

【看】去声(kàn),观看。

除了浪花,什么也看不见。

【看】阴平,音刊(kān),看守。

今年不用看了，大家都有了。

【担】阴平，音耽（dān），挑在肩上。

你要吃就打发孩子们去担一些。

【担】去声（dàn），担子。

放下铁锹就是担子。

【当】阴平（dāng），当家，当时，应当。

一切都恢复了当年的旧观。

【当】去声（dàng），适当，当作，典当。

把他当作好朋友。
用最后的一点儿产业去押，去当。

近来有人把适当的"当"念阴平，那是不对的。

【合】音盒（hé），分的反面。

都跟尼古拉第二的面貌暗暗相合。

【合】音葛（gě），一升的十分之一。

我抖种一亩也不能差几合。

【长】音场（cháng），短的反面。

是一种长期自然变化的结果。

【长】音掌（zhǎng），成长，首长。

怎么长的啊？
李计声是老班长了。

【呢】阳平，音尼（ní），呢绒。

穿个白花格子呢的衣服。

【呢】念轻声（ne），虚字。

怎么冲得出去呢？

　　一字两音，有些是由于词性上的分别。例如"种"字用为名词的时候（种子），念上声；用为动词的时候（最初的意义是把种子埋在地下），念去声。"好"

字用为形容词的时候（好坏），念上声；用为动词的时候（好动不好静，好高骛远），念去声。又如"担"字用为动词的时候（挑在肩上）念阴平；用为名词的时候（挑在肩上的东西）念去声。这可以说明为什么意义虽然不同，字形仍旧相同。原来这个意义和那个意义是有密切关系的。有些字读成两种声音不是由于词性不同而是由于意义有区别（例如观看的"看"和看守的"看"），意义上是有区别，但仍然是有关系的。不过也有少数的例外：例如呢绒的"呢"和用作虚字的"呢"，它们在意义上就毫无关系。

（乙）北京音的例子

上面举的是些普通的例子，不过它们在北京话里也是一字两音的。除此之外，还有一些北京话所特有（或北方话所特有）的读音上的分别。我们把它们叙述出来，给那些用北京音读书的人作为参考。

【着】阳平（zhuó），着手，沉着。

李完根舰长更沉着地指挥。

【着】阳平，音招（zhāo），着凉。（不举例）
【着】阳平（zháo），着火，点着，找着，够不着，用不着。

准会着火。
有几个红灯也点着了。
也用不着花钱办酒席了。

【着】轻声（zhe），虚字。

人民委员都等着他去开会呢。
正好邮局里还点着灯。

注意："灯点着了"和"点着灯"，"着"字读音不同。

【了】上声，音瞭（liǎo），了解，了事，忘不了，不得了。

她一辈子也忘不了。
吃不了不能卖。
这工作我们五个也干得了。

【了】轻声（le），虚字，表示动作的完成。

他们透了一口气。
他们坐了火车。

【了】轻声（la），虚字，表示肯定。在这种用途上，也可以写作"啦"。"啦"是"了啊"的合音。"了"字只有在句尾的时候才有念"啦"的可能。

不再上去当伪军了。

【得】阳平，音德（dé），获得，到手。

能立刻得到救治。

【得】上声（děi），必须。

还得跟体力劳动结合起来。

【得】轻声（de），虚字。

拿草盖得严严的。

【还】音环（huán），归还。

把这本书还给那个同学。

【还】音孩（hái），尚。

还说出自己对于这本书的意见。

【哪】上声（nǎ），疑问词。

从哪儿入海。

【哪】轻声（na），语气词。

到嘴的粮食全冲完哪！

【都】音督（dū），首都，国都。（不举例）
【都】音兜（dōu），皆。

咱们都希望成为健康的人。

【缝】阳平，音缝（féng），裁缝，缝纫。（不举例）
【缝】去声，音凤（fèng），罅隙。

我就在冰缝里看见一只海狗。

【的】音帝（dì），目的。（不举例）
【的】音笛（dí），的确。

它的力量的确谁都比不上。

【的】轻声（de），虚字。

它的力量的确谁都比不上。
那时候的水井差不多全是这样儿的。

【地】去声（dì），天地。（不举例）
【地】轻声（de），虚字。

人和马都畅快地喝起水来。

【给】（gěi），拿东西给人家。

你给我个小南瓜吧。

【给】上声（jǐ），供给。（不举例）
近来有许多人把供给的"给"也念gěi，那是错的。

【待】去声，音代（dài），等待。

就像等待和欢迎我们自己的儿子。

【待】阴平,音呆(dāi),停留在一个地方。

待了好久……待了半天。

【露】音路(lù),雨露。(不举例)
【露】音漏(lòu),露出来。

小孩儿一下说露了。

【折】音哲(zhé),挫折,曲折。

劈头就碰到挫折。

【折】音舌(shé),断了。

也摔折了腿。
主干一折,上面的枝条就长不好了。

【闷】去声(mèn),烦闷。(不举例)
【闷】阴平(mēn),闷热。

夏天雷雨的原因大多是闷热。

【咳】(ké),咳嗽。(不举例)

【咳】(hāi),喊声。

咳哟咳呀。

北京话一字两读,大多数也是由于词性的不同。例如"都"字用为名词念dū,用为副词念dōu;"得"字用为动词念dé,用为助动词念děi;"还"字用为动词念huán,用为副词念hái;等等。但也有两个意义偶然同形的,例如疑问代词的"哪"和语气词的"哪","咳嗽"的"咳"和"咳哟"的"咳",它们在意义上是没有关系的。

(二)误读的问题
(甲)一般的误读

学生误读的字很多,应该随时注意。现在只举三个例子:

【械】该念"懈"(xiè),误念"戒"(jiè)。

毛主席视察了锻冶、机械、修理、机车四个分厂。

【冀】该念"寄"(jì),误念"异"(yì)。

我也上冀县学学去。

【穗】该念"岁"（suì），误念"惠"（huì）。

南风吹摆着多半拃长的穗头。

(乙) 方音的误读

每一个方言区域都有习惯上误读的字。例如苏州人把"鹤"念得像"鄂"，别处的人听了会觉得奇怪。在用方音读课本的时候，习惯上的误读还不一定要纠正；如果改用北京音来读，就有纠正的必要了。这里只举一些粤语区域误读的字为例。

【迫】该念"魄"，误念"逼"。

得到的是法西斯暴徒的迫害和袭击。

【纠】该念"鸠"（jiū），误念"斗"（因为"纠"字俗写作"斜"，广东人就依偏旁读了）。

我们一定要纠正这些缺点。

【甩】该念 shuǎi，误念 lat（广东人把"脱"的意义说成 lat，写成"甩"）。

说完也把棉衣一甩。

【剥（削）】该念"拨"，误念"莫"（声调和"莫"有点分别）。

一层又一层的剥削。

（丙）不算误读的字

北京话里有些字音并不符合从古音演变为今音的规律，而有些方言中的读音却是符合语音演变规律的，所以那些字在方言中的读音不应该认为误读。例如：

【况】北京读"矿"。本该读"荒"去声（现在广东还是这个读法）。（不举例）

【铅】北京读"牵"。本该读"沿"（现在西南及广东还是这个读法）。（不举例）

【贞、侦】北京读"珍"。本该读"征"（现在广东还是这个读法）。

和善的侦察兵热心地照顾凡尼亚。

【劲】北京读"近"。本该读"镜"（现在广东读如"竟"）。

心里怪不得劲。

如果读成普通话,自然要照北京的读音。如果用方言来读,就要依照方音。因此,广州人读"况"如"荒"的去声,西南人读"铅"如"沿",从他们的方音系统看来,完全是对的。

(丁)误读的倾向

现在北京人对于某些字有了误读的倾向。例如:

【虽】该念"绥"(suī),阴平;有人念"随"(suí),阳平。

【侵】该念 qīn,阴平;有人念 qǐn,上声,尤其是在"侵略"里。

【波】该念"玻"(bō),有人念"坡"(pō)。

【蝙】该念 biān,有人念 biǎn。

这一类字和(丙)类的字稍有不同。(丙)类是北京人全都那样念了;这(丁)类并非北京人全都这样念。如果能及时纠正,使它们和其他方言的读音系统能够一致,也是好的。

三、字 义

中国方言复杂,主要是由于语音和词汇的不同,特别是由于词汇的不同。各地词汇既然不相同,说出来或写下来的字虽然也是那些字,意思可不完全一样。甲地的人听乙地的人说话,有时候已经听懂他说的是些什么字了,还不能完全了解他的意思,这就因为字义不相同的缘故。为了彻底了解语文,咱们就应该研究词汇。尤其是应该研究北京的词汇,因为语文课本里的文章是用"普通话"写的,所谓"普通话"是以北方话为基础,特别是以北京话为基础的。这里我们谈一谈北京的词汇(一般北方话和北京话相同的地方,也算是北京的词汇),附带地提及一些方言的词汇。

(一)北京的词汇

(甲)一些最常用的字

【地】除了天地的意思之外,还有"田"的意思。

地里南瓜豆荚常常有人偷。
头年地干,耩花难拿苗。
八路军给咱们老百姓种地。

北京人说到路程的远近的时候,把"几里路"说成"几里地"。

先在离村一二里地来一个大包围圈。

【道】除了"道理"的意思之外,还有"路"的意思。"道"字自古就有了这"路"的意思了,但是,到了现代许多地方的口语里,"路"字已经替代了它。在北方,它仍旧是在口语里活着的。

万一敌人进来,也分不清哪是死道,哪是活道。

【屋子—房子】屋子指的是一个房间,房子指的是一所住宅。这种习惯,和南方几乎恰恰相反。广东人把住宅叫作"屋",把房间叫作"房"。因此,必须注意。

且找了店家问道:"有屋子没有?"

等于说"有房间没有?"

冰块子有间把屋子大。
在那里,房子坏,房租贵。
管理这些水路标的人就住在河边的小房子里。

一所房子里面可能有许多屋子,也可能只有一个屋子。此外,抽象地讲住处,不管是一间屋还是一所宅子,通常用"房",如"住房给房钱,吃饭给饭钱"。

【窗户】在北京话里不是指窗和户,只指的是"窗"(不叫作"窗子")。这里的"户"字念轻声。

向河的一面开着宽大的窗户。
丹娘站在窗户跟前的床上。

【媳妇】实际上说成"媳妇儿"。"儿媳妇"("儿"字重读)和"媳妇儿"("儿"字轻读)不同;"儿媳妇"是儿子的妻,等于文言里的"媳";"媳妇儿"就是妻,江浙一带叫作"家小",许多地方都叫作"老婆"。(北方说的"老婆"——"婆"重读,下面加"子"或"儿"——却又等于说"老太婆",是年老的女人的意思。)

老品粗声粗气地冲着他媳妇说。
他媳妇上前拉住粪筐。

【嫂子】就是嫂。北京话只说"嫂子",不说"嫂嫂"。

嫂子,你给我个小南瓜吧!

【脸】就是面。但只限于"头面"的意义;至于"方面""场面""由点到面"等,仍是面,不是脸。江浙人把"头面"的"面"说成"面孔";有些江浙人写文章的时候,由于类推的错误,写成"脸孔",其实北京只说"脸",不说"脸孔"。说"脸孔"是不对的。

他的脸很瘦,很憔悴。

【劲】含有"力量""精神"等意思。北京话有好些字眼里包含这个字,这些字眼有时候在方言里很难找一个恰当的字眼去翻译它。"劲"实际上说成"劲儿",但"儿"字常常不写出。

【泄劲】(又说"泄气")起劲的反面。

别泄劲,加油干。

【差劲】不够起劲,落后。

二班今天可有点差劲了。

【死劲】起劲到了极点。

开头不让大家卖死劲干。

【对劲儿】西南普通话说成"对头",就是"对"

的意思。

大家都认为班长说得对劲儿。

【来劲儿】就是由差劲变为起劲的意思。

闷着头干容易疲劳,谈谈笑笑就会来劲儿。

【穷劲儿】就是穷苦的样子。

看见董老头儿的那股穷劲儿。

【活(儿)】就是工作(一般指生产工作)。"干活儿"就是"做工作"。从前"生计"叫作"活计","活"字是由此来的。

还是低着头干他的活儿。
干种种杂活儿。
谁都巴不得自己能把活儿干得特别好。
在庄稼活上头,有什么不通的事,谁不去问他?

【个子】指人的身材高矮。个子大,就是长得高;个子小,就是长得矮。

他年轻,个子大,干活儿顶呱呱。

【乐】就是高兴,往往兼指笑。

心里可乐坏啦!
老头老婆们在后边张着大嘴,乐得直拍掌。

【瞧】就是看,往往指仔细地看。"瞧着吧"等于说"等着瞧吧",也就是"将来你看吧"。

瞧着吧,等我们干出成绩来,还可以上北京去看毛主席呢。

【搁】是"安放"的意思。一般也可以说成"放"。

这家伙搁在解放军手里。
他慢慢地把它吹旺,搁在地上。
不搁盐,我们就把它吃了。

【管……叫作】也说"管……叫",等于一般说的"叫……作"。

大家说管这些地方叫作"火车头坟地"。

等于说"叫这些地方作火车头坟地"。

【行】表示赞许。西南话说成"要得"。

这姑娘真行!

【准】是"一定"的意思。

准会着火。
你怎么不哭?准是不疼吧?
父亲准赶不回来点灯了。

【管保(准保)】"管保"是"包管"的意思。也可以说成"准保"。它们和"准"字不同的地方,是可以放在"你"或"他"等字的前面。

要是风风雨雨地突击一阵,管保你干不到两天就要垮下来。
你要是住在我们村里,管保出不了这号事。
修理修理,准保能用。

【老】表示时间长久。

后来觉得老停在外边还不大放心。

【就】是"只"的意思。

她不是怕二虎子被鬼子抓去……她就是怕老王被鬼子抓去。

我活了一辈子啦,就没听说过机器能种地。

大家都说歌很好,就是里面拐弯太多。

好容易才从那条水道出来,就是这腿上中了一枪。

【全(全都)】"全"是"都"的意思(若解作"完全",不算恰当)。有时说成"全都"。

你们全知道,中国约有五万万人民。

不等于说"完全知道",只等于说"都知道"或"人人都知道"。

列宁把我要告诉他的话全说了。

仓库里藏着的东西不一定全是新的。

钻煤,锄煤,铲煤,装煤,全有适当的机器。

把留下的枝条全都拉进去。

【净】表示除此之外没有别的。

你这小子净想好事。
我们村里净是穿黑衣裳的。
人家冀县农场里净女的。

【打】就是"由"或"从"。

有个老头儿打这儿过。
打根上起就分枝。
打这以后,老品就加入了拖拉机练习组。

【往】就是"向"或"朝着"。

反动派由丰台往城里头逃。
老王的手往腰里摸。
所以他再往西走。
一拐一拐地往回走。

"往回走"等于说"朝着回去的方向走"。

【……的话】放在句尾,表示假定。

人民政府不来领导的话,哪儿能有现在这样的日子?

【要不、不的话】等于说"否则"。

妈,你给我脖子上围条手巾吧,要不风吹进去可冷啊。
灶门边别堆柴火,得搬开。不的话,小心着,准会着火。

"不的话"在这里等于说"如果不搬开的话"。

此外,常用的字还有"能""得""让""自个儿"等,等到以后还要特别提出来讨论的。

(乙)其他

其他还有许多字眼是北京话和一般北方话所特有的。现在简单地再举一些例子。

【街坊】邻居,邻人。

疑心是个街坊偷的。

【星星】星。

一颗星星也看不见。

【水泥】水门汀(江浙),士敏土(广州)。

支撑的柱子全是钢骨水泥的。

【烟卷】香烟。实际上说成"烟卷儿"。

场长拿起烟卷,就往老品手里塞。

【话匣子】留声机。

他首先拉开了话匣子。

这里的"拉开了话匣子"是譬喻。

【脑袋】头。

脑袋胀得像栲斗。

【脖子】颈。

艾戈尔卡扯着脖子叫喊。

【翅膀】翼(华南人注意)。

振动翅膀,向网上一撞。

【娘们家】女性。

我要不是娘们家,我非得学学不可。

【晌午】中午。

晌午了,刘连长他们拿出自己带来的干粮吃。

【本】簿子。

拿你的生字本来给我看。

【回事】一件事。

这是怎么回事啊!
原来这么回事。

"回事"是"一回事"的省略,常常放在"这么""那么"或"怎么"的后面。

【一辈子】一生(华南人注意)。

她一辈子也忘不了。

【稠】稀的反面。

不吃稠的喝口汤。

【严】紧（关得紧）。

拿草盖得严严的。

【累】疲劳。

满身是水，又累又饿。

【不赖】颇好。

我这烟不赖。

【顶事、抵事、管事】中用。

这药可顶事呢。
雇着看庄稼的也不抵事。

【有两下子】还算有本事。

不赖，二黑有两下子。

【短】缺少。

我们修车缺材料,短机器。

【扔】一般说的"丢"(抛弃)。

那些反动派就扔下了车,逃走了。

【丢】失去。

有个人丢了一把斧子。

【待】(音默,亦写作"呆")住,停留。

待了半天才说。

【憋】忍。

老品实在憋不住了。

【摔】跌。

小彼得去溜冰,把腿摔折了。

【捎】带（顺便给别人带东西）。

把大哥的好东西给我们捎回来了。

【扛】捎（江浙、华南人注意）。

还有扛着大红旗的队伍。

这里的"扛"音 kaŋ。另音 gaŋ，是"抬"的意思。

【抬】两人以上共扛（华南人注意）。

一根橡树木头得六个人用杠子抬。

【抬杠】争论。

年轻的小伙子们就跟他抬起杠来。

【甩】挥，抛。

说完也把棉衣一甩。

【揍】打。（带有惩罚和轻蔑的意味，如"他打了你，回头我揍他！"）

把这个狗爪子揍得可真痛快!

【打发】派。

你要吃就打发孩子们去担一些。

【拾掇】料理,整理。

叫他帮自己拾掇葡萄。

【对付、凑合】将就。

你不管好歹,对付一间吧。

【惦记】挂念。

我还惦记着那个脊梁弯得像弓一样的人。

【嚷】叫(高声地)。

高声嚷。

【愣】因惊讶而发呆。

连教师都愣住了。

【赶会、赶集】就是广东人的"趁墟",云南人的"赶街子"。

比赶会还热闹呢。

【解手】小便或大便(小解,大解)。

一个战士……去解手儿。

【加油】更加努力。

大家都自动加起油来。

【冲着】向,对。

冲着他媳妇说。

【光】只,仅。

光叫我吃你的。

【直】不停地。

冻得浑身直发抖。

【挺】很，非常。

谁知道他们都挺愿意。
他是挺聪明，挺规矩的。

【……点儿】些。

走！快点儿！

（二）方言的词汇

写文章的人不全是会说北京话的。因此文章里偶然夹杂着一些方言的词汇是可能的。再说，为了叙事生动，作家有时还有意地运用一些方言，尤其是华北的方言。

（甲）华北方言

这里指北京以外的华北方言。

【啥】是"什么"的意思。（江浙也有这字。）

发啥料做啥活，不发就不做。
参谋个啥问题咱们可不行呢。

【好把式】是精通一种技艺的人。

提起高老品，那是……无人不晓的种地的好把式。

华北方言，语文课本上多已注明，这里不多举例。

（乙）西南方言

【哪个】等于说"谁"。

废纸哪个要？送给书呆子。

北京话只说"谁"，不说"哪个"；北京话里虽也有"哪一个"，但不等于说"谁"。

【搞】是"做"或"干"的意思。

怎么搞的？我的鞋哪儿去啦？

现在，"搞"字已经全国化了。

【口水】北方叫"吐沫"，江浙叫"涎吐"。

被口水浸湿了。

（丙）江浙话（江南话、吴语）

【面孔】就是脸。

明朗的面孔，和善的眼光。
赤黑色的面孔。

【打耳光】北方叫"打耳刮子"，西南叫"打耳丝"，华南叫"打嘴巴"。

还打了他一个耳光。

【蚕宝宝】就是蚕。

宝宝健朗，他们就高兴。

【运道】就是运气。

这些花纸会给他们带来好运道。

【幢】江浙人叫一所楼房作"一幢"（"幢"读如"撞"字阳平）。

没有一幢完整的房子。

【搭档】是合作的伴侣。

列宁跟一个军人做搭档。

【一道】就是"一块儿"或"一起"。

毛泽东同志看见和他一道走的一个同学手里有一本书。

【刚刚】就是"刚"的意思。北方只说"刚",不说"刚刚"。

我刚刚把信笺装进信封,又接到了一封信。

试比较第二册第十课的"他刚由师里受美术训回来",那才是北方的说法。

【通通(统统、统通、通统)】是"全都"的意思。

我每天要把发生的事情统统记在日记上。
出去,出去,通通出去!
一家人通通杀掉。

这里作者特地用"通通"二字表示日本鬼子的

中国话很生硬。

(丁)华南方言

【一点钟】就是一个钟头。

隔一点钟，还有一艘也要经过这儿。
再过一点钟天就全黑了。

北方人偶然也把一个钟头说成"一点钟"，但最普通的说法还是"一个钟头"。"一点钟"或"三点钟"是第一点钟或第三点钟的意思；"一个钟头"或"三个钟头"是一小时或三小时的意思。这样分别开来是有好处的。

写文章的时候，该不该用标准的词汇呢？应该的。那么用什么话作为标准语呢？应该用北京话，也就是我国首都的语言。不过，咱们应该注意用文学语言，不应该用一些太不常见的字眼。

如果不是在北京生长的人，要说出或写出一种纯粹的北京话是有困难的。但是咱们应该朝着这个方向走，也就是要拿标准语作为咱们努力的目标。

四、同义词、新名词、简称

（一）同义词

同义词，就是意义相同的两个或更多的词。严格地说，真正完全同义的词是很少的。当我们说它们同义的时候（甚至说它们完全同义的时候），意思只是说它们在一定范围内意义相同罢了。

（甲）完全同义

【和—跟】

> 矿井和通道都用木柱支撑着。
> 毛主席笑着和我握手。
> 别的铁路跟许多工厂的工人都纷纷起来应响。
> 有一次河水冲到淮河流域，跟淮河会合。
> 李官祥爱护公家的东西跟爱护自己的生命一样。

第一例的"和"跟第三例的"跟"的意思是完全一样的；第二例的"和"跟第四例的"跟"的意思也完全一样。可见"和"和"跟"是完全同义的。在现在北京口语里，"跟"字渐渐占了优势。

【对—向】

狼……对那只羊说。
他向卫兵说。

【能—能够】

然而他们总不能离开机器间。
而且能够过着很舒服的生活。
重要的文章都能够背诵。

但"能"当"会"字讲的时候,不能说成"能够"。

【别的—旁的】

别的一块煤大声说。
旁的煤都不作声。
别的铁路跟许多工厂……
不学好这三门功课,旁的功课就不容易学好。

(乙) 同义,但其中一个(后一个)地方色彩较浓

【不用—甭】

今年不用看了。
你们甭上冀县去啦!

【不要—别】

不要留主干。
不要射我!
大娘,你别伤心。
可别再说是八路军了。

【叫作—叫】

就叫作"星期六义务劳动日"。
南苑花盆村有个六十多岁的老头儿叫王崇阁。
人家叫它"琥珀"。

现在北京口语里几乎全都不用"叫作"。因此,只是"叫王崇阁",不是"叫作王崇阁";只是"叫它琥珀",不是"叫它作琥珀"。

(丙)同义,但其中一个(后一个)**较合口语**(北京话)

【读—念】

一个人不能把所有的书都读完。
你得念给我听。

【放—搁】

他赶快把小刀放在口袋里。
他把两段木头并排直搁在火堆旁边。

【从—打】

听说有一家刚从山东移来的难民。
打根上起就分枝。

【替—给】

你们要替我报仇呀!
秋上回来给你割谷子,打场。

【猛然—猛的(猛地)】

班长想了一想,猛然拍手说。
猛地觉得一只脚让什么东西碰了一下。

【如果—要(要是)】

如果你不想吃面包,你可以到牧场上去。

我的信如果要发表,且有发表的地方,我可以同意。

要不是你,我们一定要吃些小苦头了。

自己树上的(叶子)要是不够,就赶快计议。

【但(但是)—可是】

但是跟实在的情形差得很远。

但也有人替秦国打算,竭力破坏六国同盟。

可是苏维埃国家就在这艰苦的年头里开始它的经济建设。

【这里—这儿】

这里好像要出什么事情似的。

不许到这儿来!

【那里—那儿】

在那里,房子坏,房租贵。

那儿有呼伦和贝尔两个大湖。

【哪里—哪儿】

冰块会把我们漂流到哪儿去……
它流到哪里去……

【今天—今儿（今儿个）】

大家都觉得今天的工作真有意思。
今儿早上咱们吃什么呀？
今儿个是从宣化回老家去，路过这儿的。

"明天"，"明儿"，"明儿个"；"昨天"，"昨儿"，"昨儿个"，由此类推。但"今天"当"现在"讲的时候，只是"今天"，不是"今儿个"。

（丁）同义。各带地域性

【挑—担】

叫王小五给挑到这里来了。
你要吃就打发孩子们去担一些。

"挑"字的应用比较普遍些。

（戊）不完全同义

【时间—工夫】"工夫"有时候当"时间"讲。"没有时间"可以说成"没有工夫"；"时间长"可以说成"工夫大"。这只是指做一件事所费的时间而言。"时间"的含义较广,因此,"延长时间"不能说成"延长工夫","时间地点"不能说成"工夫地点"。同时,"工夫"也有一种意义是"时间"所没有的,譬如"真工夫"也不能说成"真时间"。

不到一天工夫,王家的葡萄园就变了样儿了。

【说—讲】"说"是"说话"。"讲"字有时也指"说话",但有时是指讲出一番道理来,因此"首长在大会上讲了话"就不能改为"首长在大会上说了话"。此外,"讲"字又有"解释"的意思,所以和"说"字的用途不完全相同。

刘连长自己领在前头,连句话也不讲,就用力开起地来。

也可以说成"连句话也不说"。

大家不讲话,只听见脚步声。

也可以说成"大家不说话"。

接着就是杜伯洛维娜讲话。

这里用"讲话",是演讲的意思,不能用"说话"。

一个鬼子讲话了。

这里用"讲话"较妥。

会写,会念,会讲,会用。

这里不能说成"会写,会念,会说,会用",因为"会讲"是"会讲解"的意思。江浙人和华南人应该特别注意。

(二)新名词

这里所谓"新名词",就是随着社会发展而发展的新词汇。多数是国际化的字眼。必须彻底地了解它们,才能正确地运用它们。

【条件】"条件"是甲方对乙方要求实行的一件或一些事情。例如:

最后依了文化教员的条件。

再说,如果要等待甲事实现,乙事才能实现,那么,这甲事就是乙事的条件。咱们说"先决条件",

就是乙事所等待着的甲事（必须把甲事先解决了，乙事才能解决）。咱们说"条件不够"，就是乙事所等待的甲事还没有完全实现。

当咱们因为"条件不够"而不能实现咱们的理想的时候，咱们就该"创造条件"。在工厂或学校里，咱们常常听说"创造条件，争取入团"。这条件是什么呢？就是："要求入团的青年，除年龄必须相符，历史必须审查清楚之外，还必须遵照团章所规定的拥护中国共产党的主张，承认中国共产党是青年团的组织者和领导者，愿意忠实地在党的领导下为国家逐步实现工业化和逐步过渡到社会主义社会而奋斗；并且不仅在口头上拥护，还必须经过自己实际的革命行动，经过自己在生产的、工作的或学习的岗位上的积极表现，来积极促进这些原则的实现。"入团是乙事，在生产的、工作的或学习的岗位上的积极表现是甲事，这甲事就是乙事的条件。不够积极就是入团的"条件不够"；今后更加积极，做到合于入团的条件，就是"创造条件，争取入团"。

【质量】质量是从品质或质料上看出来的程度的高低。譬如布织得结实、耐用、好看，咱们就说它的质量好。质量往往和数量并提。譬如一个工厂出产的布又好又多，就是在质量上和数量上都有了成绩。质量原是一个物理学名词，一般所谓"质量"，从前是分别指"质"和"量"("量"指数量),现在大家渐渐把"质量"当作一个单词来用,"质量"只指"质"的一方面,不包括数量了。工人在工厂里,不但要保证产品的质量和数量,而且要努力提高产品的质量和数量。

我们一定要完全消灭事故,继续提高修车的数量质量。

【争取】"争取"本来的意思是"争得"。它的新兴用法是指尽最大的努力去达到某一个目的。那些要尽最大努力才能达到目的的事情,往往是条件不很够或者困难很多的事情。这新兴的用法表现了一种新的精神:条件不很够,或者困难很多,仍旧做得到,足以显出工人阶级的伟大力量。咱们说:"五年计划,争取四年完成",这里就充分表现着工人阶级的精神。

我们一定要保持这个荣誉,争取在今年十一月内完成全年的生产计划。

把各项定额工作做好,争取早日实现企业化。

【突击】"突击"的原意是"突然袭击",是战斗用语。引申来说,凡是为了特殊的任务,在很短促的时间里加紧努力工作,去完成那个任务,都叫"突击"。在工厂里,加紧努力,迅速争取生产新纪录的劳动组织,叫作"突击队"。

风风雨雨地突击一阵。
她是工厂里的突击队员。

【肯定】"肯定"和"否定"是相对的。肯定是正的方面,否定是反的方面。肯定是积极的方面,否定是消极的方面。因为"肯定"是正的方面和积极的方面,所以也有"认定"和"确信"的意思。譬如说"肯定了新中国四年来的成绩",意思就是认定有成绩。

我这样肯定地回答了他。

【强调】"强调"是把声调加强的意思。咱们说话的时候,说到重要的地方,往往有意地说得特别响亮。这就是"强调"的本来意义。引申来说,凡特别着重地提出一件事,也叫作"强调"。一般只用这引申的意义。

他的爱祖国爱人民的那种精神依然是值得我们强调,值得我们学习的。

【可能】从前只说"可"或"能";"可能"连起来表示可能性,则是新兴的字眼,但也用了三四十年了。(唐诗里"可能"两字也有连用的,不过那是另一种意思。)"可能"表示一件事或者会那样,因此,有时候,说"可能"就等于说"也许"。

可能是这些水点太小了,不会很快地落下来。

说某事有实现的可能,是说那件事或者可以实现。但是,最近还有一种更新的用法,就是不带"或者"的意思。譬如说"社会主义社会成为可能",就等于说"社会主义社会能够实现"了。

【一定】"一定"本来是"必"的意思。但"一定"的新用法是指达到了某一程度,或有了某一明确的范围。这程度或范围是可知的(所以叫作"一定"),若要说得更明确些也是可能的;但笼统起来,就只说"一定"。例如某一小组每天在上午十时开会,可以说这一个小组"每天在一定的时间开会"或"有一定的开会时间"。又如说某一工作"获得了一定的成绩",这句话一方面表示还有一些缺点,不能满意(因为只达到了某一程度,尚未达到最高程度),另一方面又表示这成绩是肯定了的,是有许多具体事实可以证明的,令人增加工作的信心。

无论学什么科学，都要有一定的语文程度。

这等于说"都要有相当的语文程度"。假定说，你如果学文科，你的语文程度应该达到四分以上；你如果学工科，你的语文程度应该达到三分以上。这四分和三分对于文科和工科来说都是有一定的，所以说"要有一定的语文程度"。

【一般】"一般"，原来的意义是"一样"。它的新兴用法是指普通的情况。当咱们说"一般"的时候，意思是说，有或可能有一些例外。因此，"一般"是和"特殊"相对的。

一般大众对于新名词也听不懂。

意思是，可能有少数人听得懂。

一般的饭店都不准黑人进去。

意思是，只有一些特殊的饭店是准黑人进去的。

【任何】"任何"有"无论什么"的意思。"任何人"等于说"无论是谁"。"任何"有时候等于"一切"。但若在否定语的后面，咱们只说"任何"，不说"一切"。

人们一直以为北极上不会有任何生命存在。

新名词很多;这里只在语文课本里找出一些例子来谈一谈。咱们对于新名词,一定要懂得透彻,才好用它们。

(三)简称

简称是一个名称或一件事,因为字多,省略成为两三个字,说起来或写起来省力些。

【政委】政治委员。

我们一个团政委给我来了一封信。

【支书】支部书记(共产党的,或共产主义青年团的)。

该向支书汇报啦。

【炮一团】炮兵第一团。

刚过了西平县,会见了我们的老伙伴炮一团。

简称不能太简单；太简单了，就令人不容易了解。像"老王，八路军的敌工股长"，"敌工股长"这个简称就不妥当。因此，最好是少用简称。下面是两个不用简称的例子：

下面写的就是某旅政治委员李震同志关于这次渡淮经过的谈话。

支部书记张广福从楼上下来。

正式的、庄严的文件是不应该用简称的。试看中国共产主义青年团的团章里，"马克思列宁主义"没有简称为"马列主义"，"中国共产党"没有简称为"中共"，"少年先锋队"没有简称为"少先队"，"中央委员会"没有简称为"中委"，"工作委员会"没有简称为"工委"。为什么不应该用简称呢？因为用简称就不够明确，而庄严的文件是不容许有两可的解释的。再说，既然是庄严的文件，就应该郑重其事，根本不应该贪图省力了。

有时候，在正式文件里，在全称说出来之后，也可以用简称。在这种情形之下，通常的办法是在全称的后面加上一个附注。例如政务院《为准备普选进行全国人口调查登记的指示》的"附二"里说：

填表单位——户，按《全国人口调查登记办法》

（以下简称"登记办法"）第四条的规定确定之。

这样，既简单（下文可以省许多字），又明确（上文交代清楚），就两全其美了。

五、古语的沿用

语言的起源远在有文字以前。咱们现在所说的话里头，有许多字眼是从古代一直沿用到现在的。例如"人"字，不但古文字里有它，而且经过几千年仍旧活在大众的口语里，我们就把它当作现代口语的字眼看待了。本节里所谈的古语的沿用，不是指"人""马""牛""羊"等等，而是指一般口语里不用或不常用的字眼。这些字眼大都是从书本上学来的，所以是古语的沿用。咱们把这一类字眼叫作文言的字眼。

文言的字眼有些也被吸收到口语里，变为一般口语的字眼。但当它们未变为一般口语的时候，青年人学习起来是比较困难的，所以这里特别提出来谈一谈。

（一）文言虚字

所谓"虚字"，就是意思比较空虚的字眼。它并不表示一种事物，也不表示一种行为或一种状态。文言里的虚字很多，现在只拣几个和口语有关系的来说。

（甲）所

"所"字在文言里,放在一种动作的前面,表示这是一种动作。例如"张生所读之书"或"金兵为岳飞所败"。有时候"所"字和动作结合起来,就表示一种事物,例如"张生所读皆有用之书"。在现代的文章里,偶然还可以见到这种"所"字。

果然不出所料。
倘若叮在一处,所得就非常有限。
越过终年积雪的高山,到了他所想望的地方。
旗政府和苏木政府所在的地方都设立了学校。

应该注意:一般的口语里是没有"所"字的;咱们只说"到了他想到的地方""有旗政府和苏木政府的地方都有了学校"等。

此外,还有两个特殊的字眼:第一是"所谓",第二是"所有"。现在分别叙述于下。

【所谓】"所谓"等于"我们说的……""人们说的……"之类。

所谓经验,不仅是知识方面的事情。

等于说"我们说的经验不仅是……"

最初他按照所谓意大利典型造成。

等于说"……人们说的意大利典型……"。
有时候,"所谓"表示"他们说的,我们并不承认"的意思。

那种不受任何约束的所谓"绝对自由",实际上是不存在的。

【所有】"所有"最初的意思只是"有"。

只要穷人团结起来,就可以把富人所有的一切拿到自己手里来。

后来"所有"本身就表示"一切"的意思。

把所有的书集合起来,就是人类所有的经验的总仓库。

(乙)其

"其"字在古代是"他的"的意思。现代口语里不用它了,只在某一些特殊结构里保存着。

【其他】"其他"就是"别的"或"另外",因为"他"字在古代正是"别"或"另"的意思。

她又把家里其他的人都认了。

【其余】"其余"就是"……以外"的意思。

齐国和其余的四国也不算太弱。

等于说"齐国和齐国以外的四国……"。

【其次】"其次"的本来意思是"他的(它的)下面一个"。引申来说,有"再说"或"还有"的意思。这里的"再说"和"还有"都表示前面的话还没有说得完全。

其次是可以看世界旅行记。

【尤其】"尤其"是"特别"的意思。本该只说"尤","其"字是加上去的。

梁军的那一架尤其照顾得好。

【莫名其妙】本来的意思是"不能说出(或说不

出）它的奥妙"，后来只当作"不明白"（想不通）讲。（参看上文第一节。）

刘连长想了一下，也莫名其妙。

【大请其客】本该只说"大请客"。"其"字加进去，起初只是滑稽的说法，后来变了夸张的说法。"大"字和"其"字相应。咱们可以比着这个格式，说"大吃其亏""大看其电影"等。

今天你大请其客。

注意：一般的"他"字不能译成"其"字，例如"他不知道"不能译成"其不知"。

（丙）之

"之"字在古代，普通有两个用途。第一是"他"的意思，如"爱之""杀之"等；但"他去了"不能译成"之去矣"。第二是"的"的意思，如"天之上""地之下"等；但"这书是我的"不能译成"此书乃我之"，"匆匆地走了"不能译成"匆匆之去矣"。由此看来，"之"和"他"的用途不完全相同；"之"和"的"的用途也不完全相等。在现代的文章里，"之"字的第一用途比较少见。下面是第二用途的一个例子。

那平水之上，早已有冰结满。

在第二用途中，有两种特殊形式是现代化了的：第一种是"……之一"；第二种是"几分之几"。

【……之一】"……之一"表示"……当中的一个"。譬如说"捷克是东欧社会主义国家之一（编者按：现为资本主义国家）"，这一句话比较"捷克是东欧社会主义国家"的意思更周密些，因为东欧有许多社会主义国家（编者按：现无社会主义国家），而捷克只是其中的一个。

这是我军南渡的许多渡口之一。

【几分之几】当咱们说分数的时候，就说"几分之几"，如"三分之一""五分之二""百分之九十五"等。

这一季的任务比去年哪一季都加重了三分之二。

这两种特殊形式只用"之"字，不用"的"字。"许多渡口之一"不大能说成"许多渡口的一个"；至于"三分之二"，更不能说成"三分的二"了。

(丁)于

"于"字的意思颇像口语的"在"("于家中用膳"),但并不完全相同。例如"昨天我不在家"不能译成"昨日我不于家"。现代口语里,单独的"于"字几乎没有什么用处了,它只被保留在一些特殊结构里。

【对于】"对于"是"在……上头"或"在……方面"的意思。

还说出自己对于这本书的意见。

等于说"自己在这本书上头的意见"。

【关于】"关于"是"在……这一件事情上(或这一个范围内)"的意思。

明确地规定了关于劳动保护的项目。

等于说"规定了在劳动保护这一件事情上的项目"。

【由于】"由于"相当于"因为",用来说明因果。

在苏联,由于工人阶级专政,厉行劳动保护政策,这种辛苦危险的煤矿工作大大地改善了。

"对于""关于""由于"都是新兴的字眼,借用文言"于"字合成的。

【终于】"终于"相当于"结果是"或"到底"。

我们终于抢先渡过了淮河。

【至于】"至于"相当于"说到"。

至于看桃花的名所,是龙华。

【不至于】"不至于"就是"不会"或"不会弄到"。

要使黄河的水流平稳,不至于泛滥。

【适于(适宜于)】"适于"表示在那件事上是适合的。

伏特雅诺夫开始选择适于降落的冰块。

【有利于】"有利于"表示对于那个人或那件事

情是有利的。

为什么穷人不去做有利于自己的工作呢?

【于是】"于是"的本来意义是"在这里""在这个时候",后来变为近似"因此"的用途,但仍旧含有"在这个时候"的意思。

人类为了交流经验,保存经验,才创造文字,制造书写工具,发明印刷技术,于是世界上有了书。

(戊) 乎

"乎"字在古代,普通有两种用途。第一种是"吗"的意思,如"伤人乎?"第二种是"于"的意思,如"合乎标准"。在现代口语里,第一种完全废弃了;第二种用途还在一些成语里保存着。

【几乎】"几乎"本来是"将近于"的意思,现在变了"差点儿"或"差不多"的意思。

突然飞来一支箭,几乎射中了膝盖。

等于说"……差点儿射中了膝盖"。

【不在乎】"不在乎"本该是"不在乎此",也就是"不在于此"的意思(现在还有些人说"不在乎此")。后来演变到丢了"此"字,就只剩下了"不在乎"。"不在乎"变了"不放在心上"的意思。

他站在那儿看,毫不在乎的样子。
我们对于这样的气候并不在乎。

(己) 以

"以"字在古代,最普通的用途是当"拿"字讲("以子之矛,攻子之盾"),但和"拿"的意义并不完全相同。譬如说"我拿了他的书"不能译成"我以其书"。

请给我以火,给我以火!

"给我以火"的"以"字是古代典型的用法。"给我以火"等于说"拿火给我"。注意古今词序的不同。

下面再叙述一些特殊的结构:

【以为】"以为"是"拿……当作"的意思,后来变了"想是"或"认为"的意思。

人们一直以为北极上不会有任何生命存在。

【所以】"所以"用来指出它前面说的是原因。

我有好几个青年朋友就死在那里面,所以我是不去的。

【以资】"以资"是"拿来作为……用的"的意思,这是十足的文言,只用于一些公文里。"以资"下面一定是一种行为,表示要达到某种目的。

特授予金牌,以资奖励。

此外,有些"以"字并非"拿"的意思,只表示它前面的话是说明怎么样的一种动作。这种话太文了,还是不用的好。

我们总希望来一阵雷雨,实际上也往往"如愿以偿"。

如愿地达到了目的,即用"如愿"来说明怎样达到了目的。

"以前""以后""以外",实际上等于说"前""后""外"("以上""以下"也是一样)。"以"字有"由此一直到"的意思。

他无可奈何地把时间推到拂晓以前。
以前，没有一个人知道这个确实的数字。

单说"以前"就等于说"从前"。

这只有在辛勤的工作以后才能得到答复。
除了主要的矿井和通道装设电灯以外，还有一种新式的灯。

"以外"和"除了"相应，变了比较抽象的意思。

（庚）而

"而"字在古代，最主要的用途是表示"但是"或"并且"的意思。

精明强干的性格，刻苦耐劳的精神，先要有了健康的身体才能培养起来，而所有的人并不是一生下来就是健康的，一般人的健康都是锻炼出来的。

"而"等于"但是"。

这并不是老天爷的恩惠，而是因为雷雨的成因正是闷热。

这"而"字也是由"但是"的意思变来的,不过语气轻了些。

跟"所""于""以"等字一样,"而"字也有一些特殊结构:

【然而】"然而"就是"但是"的意思。

那儿散满了油的气味,煤的气味,热得叫人头脑发昏。然而伙夫们整天整晚在那儿。

【而且】"而"和"且"的意思差不多,古代只能单用,不能连用,后来在口语里连用起来了。"而且"就是"并且"。

而且我们每个国民都应该努力。

此外,有一种"而"字表示它前面的话是说明怎么样的一种动作。例如:

我和猎人马克西梅奇划着小船,顺流而下。

用"顺流"来说明怎样"下"去。"顺流而下"和上文所举的"如愿以偿"的结构差不多。

（辛）且

"且"就是"并且"或"而且"。单说"且"是文言，吸收到口语里转变为双音词就成了"并且"或"而且"。在纯粹的口语里一般不说"并且"或"而且"，只说"又""还""还有""再说"等。

我的信如果要发表，且有发表的地方，我可以同意。

（壬）若

"若"就是"如果""要是"或"要"。

若以此刻河水而论，也不过百丈宽的光景。

有时候说成"倘若"，这也是文言字眼吸收到口语里转成的双音词。

倘若叮在一处，所得就非常有限。

（二）文言的词汇

上面所谈的文言虚字也就是文言的词汇的一部分。但是除了文言虚字之外，还有许多字眼是属于文言的词汇的。现在就文言字眼较多的课文里摘出一些例子来看。

黯然泪下　可恕　借此　名所
独骑　险恶　四顾茫茫　越过
吸饱　顺流　馋涎
整洁　呻吟
过深　悲愤
岛屿　绵延　发祥地　河防
觅店　无暇　奔腾澎湃　交辉　苦寒
勤奋　均　滔滔不绝
阻遏　徒涉　沉思　黎明　晨光
怒涛　光润　敌忾同仇　奇袭　永垂不朽
张皇失措　命中
超越　显现　坚韧　养育　嗤笑
盘旋　波涛汹涌　嘶叫
一霎时　翻腾　征兆
飞翔　原野　吼叫　赫赫
宏丽　奇花异草　丛林
牧民　景象

咱们不应该完全排斥文言的词汇；应该好好地把它吸收到口语里来，譬如"顽强"两个字，现在一般口语里都通用了。但是，也不应该滥用文言，像上文所举的"黎明""吼叫""张皇失措"等，都是可以用更接近口语的字眼来代替的。

(三) 过时的口语

有些字,在几十年或一二百年前还是白话,到现在口语里却废弃了。例如:

【煞】很

像个小插瓶似的,煞是好看。

【却】可是。

却又被河边上的冰把几只船冻得牢牢的。

【方】才(纔)。

及至仔细看去,方看出哪是云,哪是山来。

【将】把。

将那走不过去的冰挤得两面乱窜。

【这般】这样,这么。

此地从来没有这般热闹。

【道、说道】说。

放在桌上,说道。

南方人学写文章的时候要留心一件事,就是要学习现代北方的活口语(特别是北京话),不要学习旧小说里的过时的口语。

(四)复活的文言

有些文言字眼,被吸收到口语里(往往先经过文字,然后到口语),渐渐地传开了,就变成了口语。这可以叫作"复活的文言"。譬如抗日战争时期,"空袭"和"警报"曾经很快地变为日常的口语,而"袭"和"警"本来是很深的文言。"酝酿""学习""准备""坦白""巩固"等等,本来也很文,现在变为很通俗了。

我说不那么简单,应该在班里再充分酝酿。
叫他学习,他就把脸皮一耷拉。
好一会,他才像当年战前宣誓似地说。
说一九五〇年要消灭识七百字以下的文盲。
反正你得好好帮我提高文化。

炊事班的同志们打开锅挑子和油盐挑子。

炊事员老钱忽然从王小五的油盐挑子上解下一把菜刀来。

上节的"争取""突击"之类也都是这一种情形。新词的创造,往往是从文言的仓库里取得原料的。可是咱们还得注意:

(一)一方面,一部分陈旧字眼将会渐渐地被大众的口语替代,例如"然而"将被"但是"或"可是"替代,"倘若"将被"要是"替代,"黎明"将被"清早"替代,"海滨"将被"海边"替代,等等。

(二)另一方面,人民将会不断地创造新的语汇,来适应新文化、新道德和新的社会制度的需要,而新的词汇大多数是从旧的词汇转化来的。

因此,咱们对于陈旧的字眼,最好是避免不用;同时,对于古代的语言,也要有一定的了解能力。

新字义的产生

咱们查字典的时候,常常看见一个字不止有一个意义,甚至有多到几十个意义的。但是,咱们应该知道,这些字义并不是同时产生的,有时他们的时代相隔一二千年。现在一般的字典对于每一字的意义,并没有按照时代来安排,所以单凭字典并不能看出字义产生的先后。例如"翦"字,依《辞海》里说,第一个意义是"剪刀曰翦",第二个意义是"断也",其实第一个意义比第二个意义早了千余年。又如"尼"字,依《辞海》里说,第一个意义是"女僧也",第二个意义是山名,其实第二个意义也比第一个早了千年或八九百年。

新义和古义的关系,并不像母子的关系。先说,新义不一定是由古义生出来的(见下文),再说,即就那些由古义生出来的新义而论,几千年前的古义往往能和几千年后的新义同时存在,甚至新义经过若干时期之后,由衰老以至于死亡,而古义却像长生不老似的。若勉强以母子的关系相比,可以说是两千岁的老太婆和她的儿子、孙子、曾孙、玄孙、来孙、晜孙、礽孙、云孙累代同堂。有时候,两千岁的老太婆还有二三十岁的晚生儿;又有时候,儿子、孙子、重孙子都死了,而老太婆巍然独存,她的年纪虽老,却毫无衰老的状态,当如《汉武帝内传》里所描写的西王母,看去只像三十岁的人。当然,也有些老太婆早已死去,只剩她的孙子或重孙子的;但是,二千岁以上的老太婆现在还活着的毕竟占大多数。以上所说的譬喻颇近似于神话,实际的人生不会是这样的。所以我们说,新义和古义的关系并不像母子的关系。

由上文所说,新义的产生可以分为两类:第一是孳生;第二是寄生。就是由原来的意义生出一种相近的意义。古人把这种情况叫作"引申"。例如上文所举的"䚮"字(即今之"剪"字),由剪断的意义引申,于是用以剪断的一种工具也叫作"䚮"(即"剪子"),两种意义很相近,不过一个是动词,一个是名词而已。所谓寄生,却不是由原来的意义生出来的,只是毫不相干的一种意义,偶然寄托在某一个字的形体上。但是,等到寄生的时间长了,也就往往和那字不能再分离了。古人把这种情况叫作"假借"。例如上所举的"尼"字,尼山的意义和尼姑的意义是毫无关系的,不过偶然遇合而已。由此看来,孳生还有点像母子关系(但严格说起来也不像,见上文),寄生就连螟蛉子也不很像,只是寄人篱下罢了。但是,如果原来的意义消灭了,新义独占一字,也就变成鸠占鹊巢。例如"仔"字本是挑担的意思,现在只当仔细字讲;"骗"字本是跃而乘马的意思,现在只当欺骗字讲。有时候，寄生的字本身也可以孳生，恰像螟蛉子也可以有他亲生的儿子，所以有些所包含的几个意义是孳生寄生的关系都有，而且他们之间的关系是相当复杂的。

孳生的情形是有趣的。许多孳生的意义都不像上文所说的"颟"字那样简单。有时候，它们渐变渐远，竟像和最初的意义毫无关系似的。这好比曾祖和曾孙的面貌极不相像。但如果把他们祖孙四代集合在一处来仔细观察，却还看得出那祖父有几分像那曾祖，那父亲又有几分像那祖父，那儿子也有几分像那父亲。例如"皂"字的本义是黑色（古人说"不分皂白"就是"不分黑白"）；皂荚之得名，由于它熟后的颜色是黑的。皂荚之中有一种开白花的，荚厚多肥，叫作肥皂荚，省称为"肥皂"，可以为洗衣之用。后来西洋的石碱传入中国，江浙一带的人因为它的功用和肥皂荚相同，所以称为"洋肥皂"，后来又省去"洋"字，只叫作"肥皂"。其中有一种香的肥皂，又省去"肥"字，只称"香皂"，于是，"皂"字的意义竟等于"石碱"的意义，也就是北方所谓"胰子"。由"黑色"的意义转到"胰子"的意义上去，几乎是不可思议。谁看见过胰子是黑的（不是不可能，却是罕见）？但如果咱们追溯"香皂"的"皂"字的意义来源，却又不能说它与"黑色"的意义没有关系。

有时候，孳生和寄生的界限，似乎不很清楚。说是孳生吧，却并非由本义引申而来；说是寄生吧，却不像上文所举的仔细的"仔"，欺骗的"骗"，和它们本义毫无关系。例如"颜"字的本义是"眉目之间也"，"色"字的本义是"眉目之间的表情"，所以"颜色"二字常常连用。但那色字另有一个意义是"色彩"。这"色彩"的意义是"颜"字本来没有的，只因"颜色"二字常常相连，"色"字也就把"色彩"的意义传染给"颜"了。于是"颜色"共有两种意义，其一是当"容色"讲，另一是当"色彩"讲。到了后来，后一种意义渐渐占了优势，至少在口语里是如此。但是，在起初的时候，"颜"字还不能单独地表示"色彩"的意义，例如"目迷五色"不能说成"目迷五颜"，"杂色的花"不能说成"杂颜的花"。直到"颜料"这一个新名词出世之后"颜"字才开始单独表示"色彩"的意义了。乍看起来，"颜"字产生这"色彩"的意义似乎是孳生，其实只是寄生，不过，有了传染的情形，就不是普通的寄生了，咱们可以把这种情形叫作特别的寄生。

新字义的产生，有时候是由于自然的演变，有时候是由于时代的需要。所谓自然的演变，就是语言里对于某一意义并非无字可表，只是某字随着自然的趋势，生出一种新意义来，以致造成一种一义多字的情形。例如既有"皆"，又有"都"，既有"嗅"，又有"闻",既有"代",又有"替",等等。所谓时代的需要,是社会上产生一种新事物,需要一个新名称,人们固然可以创造一个新字或新词,但也可以假借一个旧字而给它一种新的意义。例如"枪"字,本来指的是刀枪剑戟的枪,后来又指现代兵器的枪。"礮"字("炮"字),本来指的是发石击人的一种机器,后来又指现代兵器的炮。大致说来,由于自然的演变的情形居大多数,由于时代的需要的情形是颇为少见的。

除了上面的两种原因之外,新字义的产生还有两种原因:第一是忌讳,第二是谬误的复古。

从前皇帝的名字是要避讳的,就是所谓庙讳。因为避讳,该用甲字的时候,往往用乙字来代替,于是乙字就添了一种新的意义。例如"祖孙三代"在唐以前本该说成"祖孙三世",因为唐太宗的名字是李世民,所以唐朝人就改"世"为"代"了。最有趣的是,唐亡之后,应该可以不必再讳言"世"字,然而大家用惯了"祖孙三代"的说法,也就很少人想恢复"祖孙三世"的说法了。从此以后,"代"字就增加了一种新的意义了。

所谓谬误的复古,是写文章的人存心要运用古义,但是因为学力不足,他们所认为的古义却是一种杜撰的新义。例如清代的笔记小说里,有许多"若"字是当"他"字讲的,其实"若"字的古义是"你",

不是"他"。又如现代书报上的"购"字当"买"字讲，其实"购"字的古义只是"悬赏征求"，不是"买"。以"若"为"他"之类，恐怕还有人指摘；至于以"购"为"买"之类，大家都已经习非成是了。求古而得新，这是爱用古义的人所料想不到的。然而这种情形却出现不少。

关于新字义的产生，我们这几段话不过是随便说说而已，若要仔细研究，应该时时留心每一个字的新旧意义，咱们首先要问：这个意义是什么时候就有了的？其次要问：这个意义是怎么样产生出来的？咱们虽然不能完全解决这个问题，但是由这些问题所引起的兴趣已经是无穷的了。

1942 年 7 月 17 日

（原载《国文杂志》第一卷第二期；又收入《龙虫并雕斋文集》第三册。）

字　史

小　引

每一个字都有它的历史。有些字已经有几千年的历史了,例如"人"字;有些字只有几十年的历史,例如"锰"字。有些字,依字形看来,虽有几千年的历史;然而依字义看来,它却是只有几十年历史的新字。例如"叽"字虽已见于《史记》,但"哗叽"的"叽"却是一个新字,和《史记》里的"叽"字完全没有关系,它们本该是两个字,不过偶然同形而已。反过来说,有些字,依字形看来,只有几十年,甚至只有几年的历史;然而依字音和字义看来,它却已经活了几千年了。例如"噿"字,连最新出版的字典还不肯收它,可见它至多只有十余年的历史;然而它的本字是"尝",越王勾践曾经卧薪尝胆。

这道理说来很浅,但是要辨别起来却又很难。甚至老师宿儒,都会有弄错的时候。不过,如果读书随时用心,对于古今的字义,总可以明白一个大概。

我们研究字史有什么用处呢?我先说一个小小的用处,就是对于作文有益。譬如你知道了"噿"

字是字典里不收的字,它就是俗字,你如果不喜欢俗字,就该写作"尝";如果你提倡俗字,自然也可写作"嚐"。但是,当你学写文言文的时候,却绝对不能写作"嚐"。"卧薪尝胆"写成了"卧薪嚐胆"是最难看的。其次,我要说一个较大的用处,就是对于古书看得彻底了解。譬如你读白居易《燕子楼诗序》:"尔后绝不复相闻,迨兹仅一纪矣。"这是说他和关盼盼分别之后,十二年不复知道她的消息。一纪就是十二年。但是,"仅"字应该怎么讲呢?若依它的现代意义,解作"仅仅只有十二年",就不成话!原来唐朝的"仅"字是"差不多"的意思,"差不多十二年了",才见得白居易的感慨。我们读古书,往往有些地方似懂非懂,就因为拿现代的字义去读古书。遇着罕见的字不要紧,我们知道去查字典;遇着常见的字最危险,因为我们自己以为懂了,其实是不懂,就弄错了。末了,我要说一种更大的用处,就是辨别古书的真伪。譬如有一个字形或一个字义是同时代的书都没有的,就只这一部书有,那么,这就很可能是一部伪书,至少它是经过后代人的修改,或传抄致误的。这里我举一个极浅的例子。我手边有一部《儿女英雄传》,里面有很多"她"字,这一定是翻印这书的人改过了的,因为"她"字只有二十余年的历史,而《儿女英雄传》已经有二百余年的历史了。非但我们现在很容易明白修改的情形,就是千百年之后,精通字史的人也可以考证出来的。

字史应该分为三方面去研究,就是字音的历史、字形的历史和字义的历史。现在为了印刷的便利,我们暂时撇开字音和字形,先来叙述字义的历史。我们先捡一些极常见的字来说。字的排列是没有系统的,因为我们偶然想到哪一个字就先述哪一个字。字的历史只能是粗略的、大概的,因为这不过是一个草稿。希望将来重新排列,详细增订,再编成一部书。

代

"代"就是"替代"(to take the place of)。它这种意义是上古就有了的。例如:

A 天工人其代之。(《书·皋陶谟》)
（人工替代了天工。）
B 使子张代子良于楚。(《左传·宣公十四年》)
（使子张到楚国去替代子良。）

同时,它如果由动词变为副词,它就从"替代"的意义变为"轮流"(alternately)的意义。例如:

A 春与秋其代序。(《离骚》)

(春天和秋天轮流着过去。)

B　燕雁代飞。(《淮南子·地形》)

(燕和雁轮流着飞过。)

所谓"轮流",就是甲先替代了乙,然后乙再替代了甲。因此,"替代"的意义就生得出"轮流"的意义来。但是,"替代"的意义一直活到现在,而"轮流"的意义却不为现代一般人所了解了。

"代"字又当"朝代"(dynasty)讲。这意义也是上古就有了的。因为这一个朝代替代了那一个朝代,所以"替代"的意义能生出"朝代"的意义来。例如:

A　周监于二代,郁郁乎文哉。(《论语·八佾》)

(二代,就是夏朝和商朝。)

B　斯民也,三代之所以直道而行也。(《论语·卫灵公》)

(三代,就是夏朝、商朝和周朝。)

现代咱们说的"祖孙三代""五代同堂",其中的"代"字当"世代"(generation)讲。它这种意义却是上古所没有的。依上古的说法,应该是"祖孙三世"和"五世同堂"。例如:

A　禄之去公室,五世矣;政逮于大夫,四世

矣。(《论语·季氏》)

B 五世其昌,并于正卿;八世之后,莫之与京。(《左传·庄公二十二年》)

秦始皇的儿子胡亥称"二世皇帝",就是"第二代的皇帝"的意思,但是依当时的语言绝不能称为"二代皇帝"。直到了唐朝,唐太宗的名字叫作李世民,于是臣子们避讳,每逢应该说"世"字的地方都说成"代"字。例如杜甫诗里说"绝代有佳人,幽居在空谷",本该说成"绝世有佳人"的;汉朝蔡邕《陈太丘碑文》说"绝世超伦","绝世"正是"绝代"的意思。汉朝袁绍"四世三公",意思是说一连四代都做三公(太尉、司徒和司空称为三公);但是王维诗里说:"汉家李将军,三代将门子"只说"三代",不说"三世",因为王维是唐朝人,所以必须避讳。由此看来,唐太宗以前(西历627年以前),"世代"的意义只用"世",不用"代",它们是有严格的分别的;唐太宗以后,直到唐亡以前(西历905年以前),"世代"的意义倒反是只用"代"字,不用"世"字;唐亡以后,直至今日,"世"字和"代"字在这种意义之下是互相通用的,但是,在现代白话里,"代"字却替代了"世"字了。因避讳而引起字义的变迁,这种情形颇多,"代"字只不过是一个例子。

替

"替"字当"替代"(to take the place of)讲,是唐朝以后的事。白居易诗"敢有文章替左司";杜牧诗题"得替后移居云溪馆";《唐书·杜审言传》"但恨不见替人",这些"替"字都是"替代"的意思。但是,唐朝以前,似乎没有看见它有过这种意义。

唐朝以前,只有"隆替""陵替"一类的说法。"隆"是"兴隆","替"是"衰微","隆替"等于说"盛衰",亦可说成"崇替";至于"陵替"就等于说"陵夷"或"陵迟"("替"和"夷""迟"恐怕只是一个字,不过写法不同就是了),也是"衰微"的意思。例如:

A 唯独居思念前世之崇替。(《国语·楚语》)
B 悠悠者以足下出处,足观政之隆替。(《晋书·王羲之传》)
C 晋氏陵替,虚诞为风。(梁武帝《公卿入陈时政诏》)

这些"替"字好像是形容词,但它实际上是一个不及物动词(内动),试看下面的一些例子:

A 于是上陵下替,能无乱乎?(《左传·昭公十八年》)
B 令德替矣。(《国语·鲁语》)

C 君之冢嗣其替乎?（《国语·晋语》）
D 风颓化替，莫相纠摄。（《晋书·载记第十一》）

如果再往上追溯，它还是一个及物动词（外动词），它是"废除""取消""罢免"一类的意思。例如：

A 子子孙孙，勿替引之。（《诗·小雅·楚茨》）
（子子孙孙〔应该继续着那样的祭祀〕，不可废除只该引长。）
B 不敢替上帝命。（《书·大诰》）
（不敢废除了上帝的命令。）
C 謇朝谇而夕替。（《离骚》）
（早上进谏，晚上就被罢免了。）
D 荐可而替不。（《国语·晋语》）
（推荐好人，而且罢免那些不好的人。"不"读为"否"。）

凡罢免一个官，总不免另外任命一个官来替代他；凡废除某一事物，也往往找另一事物来替代它。这恐怕就是"替"字从"废替"和"陵替"的意义转变到"替代"的意义的原因。

购

《说文》:"购,以财有所求也。"拿现在的话说,就是"出赏格"或"悬赏"。例如:

吾闻汉购我头千金。(《汉书·项籍传》)
(我听说汉出千金的赏格要我的头。)
能捕豺貀,购百钱。(《汉律》)
(能捕豺或貀,有一百钱的赏格。)

和"出赏格"的意义极相近的一种意义,就是"重金征求"。例如:

乃多以金购豨将。(《汉书·高帝纪》)
(于是以重金征求陈豨的将。)

由此看来,"购"字在汉代以前,并没有"买"的意义。"购"和"买"有什么分别呢?"购"字带有报酬的意思,"买"只是拿货币去换取物品。"购"的东西不一定有物产的用途,而"买"的东西却一定有物产的用途。(除非是譬喻的话。)拿上面的三个例子来说,"购头"和"购将"的报酬是因为被报酬的人对汉有功,"购豺貀"的报酬是因为被报酬的人为民除害,那"头"和"豺貀"并不是像猪肉和鸡鸭一般地买来吃的,也不是像杯盘和房屋一般地买来用或居住的。

譬如近日报纸上有许多"购车启事",内容是买了人家的汽车,登报声明一下。但是,若依汉代以前的人的了解,"购车"只是"征求汽车",或"悬赏寻觅汽车",和"买车"的意义相差很远。

"购"字从"悬赏"或"重金征求"的意义转化到"买"的意义,大概是很晚的事。我们未曾考证出是哪一个时期,但我们料想不会早到宋代以前。那么,古代用什么字表示"买"的意义呢?也许有人说是"贸"字,因为《诗·卫风》有一句"抱布贸丝"的话。但是,"贸"字最初的意义只是"交易"的意思;以物易物才叫作"贸",以钱币易物并不叫作"贸"。只有一个"市"字,才是真正以钱币易物的意思。例如:

市贱鬻贵。(《国语·齐语》)
(买进来很便宜,卖出去很贵。)
窃为君市义。(《战国策·齐策》)
(我冒昧地给您买了一种义气。)

这种意义一直沿用到后代,例如:

共入留宾驿,俱分市骏金。(李商隐诗)

"买"字本身用于"以钱币易物"的意义也很早，几乎可说是和"市"字同时代。例如：

> 买妾不知其姓则卜之。(《礼记·曲礼》)
> 郑人买其椟而还其珠。(《韩非子·外储》)
> 马已死，买其骨五百金。(《战国策·燕策》)

这样，"买"字用于"以钱币易物"的意义，比之"购"字用于这同一的意义，至少要早一千年。如果咱们译白话为文言，把"买"译为"购"，这是大错的。

售

"售"字的历史比"购"字的历史要不清楚些。《诗·邶风》"贾用不售"，普通把"售"字当作"卖出"解，这是很靠不住的。《诗经》以后，直到汉代，都没有人把"售"字用于"卖出"的意义。凡一种意义只有一个孤证，这意义的本身便成问题。《说文》里没有"售"字，文字学家都说"售"就是"雠"，"雠"是"相当"，"贾用不售"是"价不相当"的意思，这话大致是对的。拿现在的话说，"售"大约是"还价"的意思，"贾用不售"是"没有人还价"，或可以说"没有人还相当的价"（贾同价）。换句话说，就是并没有得到那应有的价值。

《史记·高祖本纪》:"高祖每酤,留饮酒,雠数倍。"雠数倍就是还数倍的价钱,超过了那应得的价值。

"售"字在古代既没有"卖"的意义,那么,"卖"的意义在古代是用什么字表示的呢?说也奇怪,"市"字既可表示买,又可表示卖。例如:

为近利,市三倍。(《易·说卦》)
(市三倍就是卖三倍的价钱。)

但是,一经解释,也没有什么可怪的。在中国语里,借出借进都叫作"借"(德语同此情形,法语却分为两个字);租出租进也都叫作"租"(法语同此情形,德语却分为两个字)。"买""卖"虽分为两个字,但是江浙人说起来声音却差不多,也不至于混乱了意义。

和"市"字相似的有"沽"字和"贾"字(沽贾本来是一个字)。《论语·子罕》:"求善贾而沽诸",沽是卖的意思;《论语·乡党》:"沽酒市脯不食",沽是买的意思(依《经典释文》及朱注)。又有"酤"字,就只限于买酒和卖酒了。

专用于"卖"的意义者有"鬻"字(亦作粥)。除了《国语》"市贱鬻贵"之外,还有下面的几个例子:

有鬻踊者。(《左传·昭公三年》)
鲋也鬻狱。(《左传·昭公十四年》)
君子虽贫,不粥祭器。(《礼记·曲礼》)
马死则使其贾粥之。(《周礼·夏官·司马》)

"卖"字的出现也很早;它应该和"买"字同时代,因为它们是一对的。例如:

听卖买以质剂。(《周礼·天官·冢宰》)
民卖买之。(《史记·平准书》)
楚人有卖其珠于郑者。(《韩非子·外储》)
倪宽卖力于都巷。(《潜夫论·赞学》)

正像"买"字不可译为"购",咱们把白话译为文言的时候,也不该把"卖"字译为"售"。如果要译的话,就译为"市"或"沽",更好是译为鬻;但最好是不译,因为"卖"字已经够古了。

爱

"爱"字用为动词,这种意义一直沿用到现在。例如:

心乎爱矣。(《诗·小雅·隰桑》)
爱之,能勿劳乎?(《论语·宪问》)

> 有与君之夫人相爱者。(《战国策·齐策》)
> 爱亲者不敢恶于人。(《孝经》)
> 君子自爱。(《法言》)(编者按：查《法言》无此句，此例应换为《法言》"人必其自爱也。")

若用为名词，古代就和现代颇不相同了。古代的"爱"字有"恩惠"的意思，有时候可解作"好处"。例如：

> 古之遗爱也。(《左传·昭公二十年》)
> 爱施者，仁之端也。(《说苑·谈丛》)

但是，唐代以后，"爱"字用为名词者，也渐与现代相同了。例如：

> 劝君便是酬君爱。(元稹诗)

"爱"字在古代另有一种意义，就是"舍不得"或"吝啬"。心爱的东西往往舍不得，这是很自然的引申。

> 尔爱其羊，我爱其礼。(《论语·八佾》)
> (你舍不得那羊，我舍不得那礼。)
> 百姓皆以王为爱也。(《孟子·梁惠王上》)
> (人民都以为您是舍不得"那牛"。)

> 甚爱必大费。(《老子》)
>
> (太吝啬了,结果一定弄到大大地破财。)

由这一种意义再引申,"爱死"也就是"舍不得死"。例如:

> 臣之不敢爱死,为两君之在此堂也。(《左传·成公三年》)

这"舍不得"或"吝啬"的意义,到了六朝以后,就成为死义了。

怜

"怜"字,在汉以前的古书中不大看见,《说文》:"怜,哀也。"《尔雅·释训》:"矜怜,抚掩之也。"这好像就是现代"可怜"的意思,但这种说法是靠不住的,因为汉以前的古书里没有实际的用途可作证明。关于"可怜"的意义,古代只用"哀"字或"矜"字。

《方言》云:"亟、怜、怃、俺,爱也",又云:"怜职,爱也";《尔雅·释诂》也云:"怜,爱也。"这大约才是"怜"字的最初意义。"怜"的意义近于"爱",比"爱"的意义轻些,于是又近于现代所谓"喜欢"。例如:

我见犹怜,何况老奴?(《世说新语·贤媛》注引《妒记》)

这种"怜爱"的意义一直沿用到宋代以后的诗歌。例如:

幽花色可怜。(刘敞诗)
(幽花色可爱。)
山里风光亦可怜。(王禹偁诗)
(山里风光亦可爱。)

但是,凡人爱或喜欢一个人或一样东西,如果那人或那样东西受了损害,就会生出怜惜或怜悯的心理。因此,"怜"字由爱或喜欢的意义很快地就转到惜或悯的意义上来。例如:

愁容镜亦怜。(刘长卿诗)
扣襟还自怜。(李白诗)
可怜冲雨客,来访阻风人。(白居易诗)
可怜无定河边骨,犹是春闺梦里人。(陈陶诗)

总之,"怜"字的历史颇短。大约它产生于汉代的方言中,到六朝以前才被大量地应用的。

勤

"勤"字在古代是"劳"的意思。它和"劳"微有不同。"勤"等于现代所谓"辛苦",有时候又等于现代所谓"忙"(古代没有"忙"字)。"辛苦"和"劳"差不多;"忙"和"劳"就颇有分别了。例如:

> 四体不勤。(《论语·微子》)
> (四肢不劳动。)
> 肩荷负担之勤也。(《淮南子·氾论》)
> (肩荷负担的辛苦。)

一直到唐宋以后,还沿用着这一种意义。例如:

> 惟天地之无穷兮,哀生人之常勤。(李翱诗)
> ("常勤"就是永远忙碌和辛苦。)
> 凡民之事,以身劳之,则虽勤不怨。(朱熹《论语集注》)
> ("虽勤不怨"就是"虽然辛苦也不怨恨"的意思。)

由此看来,古代的"勤"字并没有现代"努力"的意思。那么,古代用什么字表示"努力"呢?关于这个意义,古人多从反面说,如"无逸""不懈""不倦"等。如果从正面说，就用"敬"字(《说文》："惰，不敬也"，可见惰的反面是敬)，"敏"字(《论语》"敏于事而慎于言"，朱注"敏于事者勉其所不足")或"勉"字。其中要算"勉"字为较常见，或作"黾勉"。例如：

尔其勉之。(《左传·昭公二十年》)
丧事不敢不勉。(《论语·子罕》)
黾勉从事。(《诗·小雅·节南山》)
黾勉就善谓之慎，反慎为怠。(《贾子·道术》)
(这最后一例"黾勉"和"怠"对称，可见"黾勉"就是现代所谓"勤"。)

"勤"字由"劳"的意义引申，为王效劳叫作"勤王"，为民尽力叫作"勤民"，又由内动词转为外动词，"使人辛苦"也叫作"勤"。

直到唐宋以后，"勤"字有时候用作副词，才表示事情的"多做"或"常做"。事情多做了就辛苦，就忙，所以也是很自然的转化义。例如：

鼎罢调梅久，门看种药勤。(刘长卿诗)
个中勤著语，老耳欲闻韶。(周孚诗)

这样，"勤学"或"勤读"就是"多多读书"。至于

"勤"字用作形容词,例如"勤俭"并称,这是演化的最后阶段,和最初的意义就差得颇远了。

劝

"劝"字最初是"奋勉"的意义。故《说文》云:"劝,勉也。"行政能感化人,人民自知奋勉,就是劝。例如:

> 举善而教不能,则劝。(《论语·为政》)
> 不赏而民劝。(《吕氏春秋·上德》)

由内动词转化为外动词,"劝"字就由"奋勉"而变为"勉励"的意义。故《广韵》云:"劝,奖勉也。"例如:

> 劝农之道未备。(《史记·孝文本纪》)
> 劳农劝民。(《吕氏春秋·孟夏》)

劝做善事才叫作劝,故《荀子》有《劝学》篇。现代语里,例如说"劝他到上海去",这在汉以前不叫作"劝"。"劝他做贼",在汉以前更不叫作"劝"。这种后起的意义,大约到了唐代才有的。例如:

> 劝君更尽一杯酒,西出阳关无故人。(王维诗)

诗听越客吟何苦,酒被吴娃劝不休。(白居易诗)

这并不是勉励,只是委婉地叫人家做某一件事而已。

(原载《国文杂志》第三卷第四、五、六期,1945年)

论"不通"

一般人往往说中国文没有文法,但又往往说某人的文章不通,这两种说法显然是矛盾的。不通就是违反了一个民族的作文习惯,而一个民族的作文习惯就是那族语的文法。

不过,直至现在,中国还没有一部标准文法;已出版的一些文法书,都偏重于分析字句,而不大说到通不通的问题,换句话说就是不曾指出怎样才适合或违反中国文的习惯。

这种标准文法很难写定,因为中国人对于文章,所谓通不通似乎是可意会而不可以言传的。文言文通不通的标准容易定些,就因为大家守着数千年的作文习惯;一个人如果自己会写通顺的文言文,看见了别人的文章的时候,看来不顺眼读来不顺口,就批评它不通,也不至于错误。语体文通不通的标准难定些,这并非因为民众口里的白话没有一定的习惯,却因为大家喜欢加上些欧化或日化的成分,化得妥当时仍合中国的语法,化得不妥当的时候就成了四不像的语言。这种四不像的语言应否提倡是另一个问题,但它的文法总难确定,因为这里头还没有一个民族的长时期的作文习惯。

在我们看起来,文章写得最通的,要算中文很有根底而又深通西文的人了。他们并非有意模仿西文，然而受了西洋文法的潜移默化，会把中西文法的共同点融合为一。他们的文章既未违反西人的逻辑，同时又不十分违反中国人作文的习惯。中国人看来仍旧顺眼，读来仍旧顺口。换句话说，就是拿数千年相沿的文法去范围它，仍旧不会觉得它不通。此外还有两种人的文章也是通的。第一种是纯用古文，第二种是纯用白话。

能纯用文言的人，现在是太少了。在这一方面说，文章最通的，要算前清遗下的翰林举人等；只要他们在前清真的曾"通"过来，而入民国以后又绝对不肯接受新知识及白话文体，他们的文章就算很通，因为他们能守着数千年的作文习惯。有些人喜欢把新名词放在"原道"式的古文里，虽然看来不顺眼，但还不能说是不通，因为文法上还没有变更。最可笑而又最普遍的现象却是在十句当中有一两句参用现代的文法，这好像观音菩萨露出狐狸尾巴，令人看去格外觉得不舒服。这种文章就可以说是不很通，因为它里面杂糅着古今的文法。

能纯用白话的人，比较的多些。现在中学生所作的文章当中，最可爱的就是这一类。每逢中学生向我问作文的方法的时候，我首先就劝他把文章作好了再念给一个同学听，不许加以解释。如果那同学不看见他的稿子而能完全听得懂他的文章，就是很通顺很可喜的一篇白话文。中学生最普遍的毛病是在白话文里参用古文的成语或欧化的词汇，稍不妥当就弄到不通。非但中学生如此，连大学生也有许多是犯这毛病的。

近年来有一个很令人惊奇的现象：作文最通的是许多政论家和科学家；而在学校里的国文教授有时候倒反不通起来。法理工学院的学生的文章比较的通顺，而中国文学系的学生作起文来却往往一窍不通。其实这并不足惊奇，因为现代中国的政论家与科学家往往是中西文都有根底的，而国文教授有时候却犯上述的毛病，把现代语法参入古文里，或把古文法参入白话文里。法理工学院的学生作文只求把意思表达出来，恰像说话一般；而中国文学系的学生或因要运用典故，或因要学古文气息，再新一点的又因要努力堆砌欧化的文学上的描写语或自己所不很懂的新词汇，以致弄巧反拙，非但文章写不好，就连"通"字也够不上。

现在回头说到通不通的标准。第一，我们写下来一句话，如果不能把它的文法类推而造成千百句，那么，这一句话在原则上可以说是不通。例如我看见人家宴客的请帖的左边写着"恕速"二字，表示"请恕我不来速驾"的意思，这就是不通的句子，因为依中国的文法，句中的否定副词省去之后就不能再表示否定的意思。我们不能仿照这句子的文法而说"恕送"以表示"恕不相送",也不能说"恕迎"以表示"恕不相迎"。这种简略至于不通的句子,等于说"我本江吴百"以表示"我本是江苏吴县的百姓"。但在上古的文章及现代的口语里,有些与此类似的句子却可以认为"通"的,例如《庄子·逍遥游》"请致天下"是"请许我致天下于君"的意思,现在我们不能仿这文法而说"请送礼物"以表示"请您允许我送礼物给您";此外如"请辞""请死"之类,都不合现代文法;但我们只能认为已死的文法,不能说古文不通。又如现在北平人往往说"非得在五点钟回去",表示"非在五点钟回去不可",听来似乎不通,其实说话的人心里并没有感觉到"非"字是否定词,只把"非"字当作肯定的副词,这只可认为"非"字的原有意义在北平的民众的心中已不复存在,而另生一种新意义。一个地域通用的口语没有一句是不通的;甚至在逻辑上不通的话,若经社会普遍地采用,也就算"通"。因为文字是代表语言的,文字可以不通,语言却不会不通。至于士大夫口里的话有时反而不通,就因为他们不能完全用活语言的缘故。

第二,割裂过甚的典故,也往往弄到不通。例如说"于飞之乐"以表示"夫妇和谐之乐",实在不通;因为依中国文法,"凤凰于飞"不能省为"于飞"。至于以"鼓盆之戚"表示"丧妻之痛",文法上是通了，只嫌意义上不大说得过去，而且是一种颇笨拙的描写语。桐城派的文章，唯一的好处就在乎努力避免这种不通的写法。

第三，词汇的误用，也是不通。例如某甲对某乙说："对不住，我把您的书弄脏了。"某乙说："没关系。"这"没关系"不是说某两件事物相互间没有关系，而是说"不要紧"。又如说"他不赞成我"，意思却是说，"他不喜欢我"。又如说"他否认考试"，意思却是说"他反对考试"。这些话，渐渐有人用入文章里，这是我在今年清华的入学考卷里注意到的。此外如"抽象""意识"等词，往往被学生乱用。自从提倡白话文以来，中学生的文章本该很容易通顺，只因他们喜欢堆砌新名词或流行的文艺上的描写语，就弄到令人生厌。

末了，我觉得此后我们非但该把文章写得通，并且应该把中国原有的文法加以洗练。凡是合于逻辑的文法，应极力提倡。至于不合逻辑的句子，纵使古人曾有此习惯，我们也不妨改革。我深觉中国应该有一部标准文法。至于文法应如何制定，如何推行，总不能不靠政府的力量。这且留待下次讨论了。

1935年8月11日

（原载《独立评论》第一六五号，1935年）

谈用字不当

今年西南联大一年级的作文卷子，先由教师指出错误或毛病，叫学生拿回去自己改一遍，再交给教师详细批改。学校刻了几个小印，印上有"层次不清""意思不明""文法错误""用字不当""别字""误字"等字样；所谓先由教师指出错误或毛病，就是把这些小印盖在错误或有语病的地方。这是一种尝试，效果如何，尚待事实的证明。但是，我对于这几个小印特别发生兴趣，因为每一种错误或毛病都能引起语言学上的许多问题。现在我想先谈一谈"用字不当"。

依原则说，用自己的族语来表达思想，应该不会有用字不当的毛病。每一个字都是从小儿就学会了的。二三岁的小孩说话，用字可以偶然不当；到了十岁以上，语言已经潜意识地依照族语而定型，如果不是存心违背它，顺着自然，就可以说得恰当了。偶然的错误或毛病不是绝对没有的，但是有时候是由于心与口不能相应，有时候是用字稍欠推敲。这种情形并不多见。尤其在文章里，经过了相当的考虑然后下笔，用字不当的毛病更该比口语里少了。

然而实际上，学生用字不当的毛病极为常见，这又是什么缘故呢？经过了仔细地观察，我们可以悟到，这种毛病大部分是由于学生不会用自己的族语来表达思想。在中国词汇没有欧化的时候，中国人喜欢用古代的语言。古今之不同，与中外之不同，一样地令人难于学习。我们学习古代的汉语，并不比学习一种外国语容易了许多。稍欠精熟，就出毛病。这上头的毛病可大别为三种。第一是误用典故，挽青年而用"天不慭遗"，贺高寿而用"骑箕跨鹤"，前者是挽错了人，后者是咒人速死。第二是不明字义，"汗牛之充栋"与"出乎意表之外"，至今传为笑话；但是，这一类的笑话在学生的卷子里可真不少。学生甲叙述某强盗开枪把王桂标打伤了，却说王桂标的脚中了"流弹"。学生乙叙述他因增加父亲的负担而伤心，却说"为之悻悻"。学生丙描写试场空气的紧张，却说"诸生皆衔枚疾写"。不仅学生如此，某报十周年出一张纪念刊，要说本报自开办以来，却说"本报自沿革以来"。诸如此类，都是不明字义所致。第三是擅改成语，如"虚张声势"之改为"虚壮声势"，"茹毛饮血"之改为"食毛饮血"等。这是比较的可以原谅的一种毛病。总之，以现代青年而用古代的典故、词汇、成语，其困难不下于以念过一年半载英文的人而用英文写一篇文章。

中国词汇欧化之后，青年们在作文用字上，又增加了一重难关。学者们把西洋词汇变为中国形式，就借西洋原词的定义为定义；可惜不懂西文的人，或不知道中国某一个新名词与西洋某词相当的人，就只好望文生义，或间接地从中国书报里去瞎猜了。瞎猜也有猜中的时候，但是，在大多数情形之下，都只能得到一个很模糊的意思。这因为中国的新名词，在字面上并不能显示西洋原词的含义。"观念"既不是"观而且念"，"逻辑"更不是"逻而辑之"。有时候，西洋原词本有两种以上的意义，中国根据甲种意义译成新名词，等到用得着乙种意义时，也只好拿同一的新名词来应用。例如"条件"，本是由"契约中的条件"这一种意义译出来的，但是现在中国书报上有许多"条件"都该解译作 preliminary requirement，却是英文原词 condition 的另一意义，这一种意义绝不是从"条件"二字的字面上看得出来的。由此看来，要用新名词，非但应该先找着西洋（或东洋）的原词，而且应该彻底看懂了原词的定义。我们的中学生当然大多数做不到这一层，然而为时势所驱使，只好跟着现代作家们去学步。譬如做戏，现代作家们都是从名伶传授而来，自然咬字皆合尖团，台步也能不失家法；中学生之运用欧化词汇，好比从谭鑫培的表弟的外甥学来的京戏，自然不免把"杨延昭"唱成了"杨延糟"，把关门的手势误用于拴马了。

这种情形比误用古语更为严重。现代青年往往以运用古语为陈腐；然而大家都以运用欧化词汇为时髦。因此，误用新名词的毛病就触目皆是了。最普通的如以"程度不足以胜任"为"没有资格做这件事"；其余如用"幽默"为"幽静"的意义，用"范畴"为"范围"的意义，用"本能"为"性情"的意义，用"意识"为"意见"的意义，用"绝对"为"决定"的意义，用"象征"为"表现"的意义，等等，真是数不清。又如学生甲想要说敌机袭击的机会少，却说"敌机袭击的成分少"，学生乙想要说加强抗战的意志，却说"加强抗战的信念"，诸如此类，都可以证明他们没有彻底了解新名词。最近有一部研究中国古代哲学的新著作，卷首有所谓"界说"，实际上只是一些例言或"杂说"。这又可见误用新名词并不以学生为限。但是，新名词是不能乱用的，它比中国古语更有其不可冒犯的尊严。中国古语用错了，只要习非成是，也就算了；欧化词汇却是不容许我们习非成是的，因为有西洋原词的定义为标准，除非连西洋字典也修改了，否则我们必须依照西洋的定义，来运用欧化的词汇。

补救的办法，最平稳的，是容易做得到的，就是在没有熟习古语或西洋语言以前，尽可能地不用古语或欧化词汇，专用自己的族语去表达思想。有一次我带笑对同学们说："从前中国数千年没有说欧化词汇而我们的祖宗一样地也能说话做文章。"这话当然只有一部分的真理，因为现代确有些道理或现象不是中国原有的词汇所能表示的，再者，即使中国原有的词汇颇能表示，有时候也不及欧化词汇更有一定的意义范围。但是，一般青年滥用新名词的时候非但不能使文章科学化，而且会弄得文章暧昧化；我们尤其不能相信，在一篇简单的叙述文或游记里，在很幼稚的见解的上头，会用得着哲学上的术语。这不过因为青年们都是好奇的，越是自己不很了解的东西，越喜欢放在自己的文章里。多数的中学生甚至大学生都这样想：如果做起文章来还用隔壁张老四的词汇，哪里能算是文章？中学的国文教员，或者也一大部分是有同样的感想的。如果他是前清的秀才，他会对于堆砌典故的文章浓圈密点；如果他是大学出身，他会对于满纸新名词的文章给予最好的评语。上有好之者，其下必有甚焉者，学生写起文章来，第一个念头就是怎样能使文章里的用语与自己所最熟悉的母语殊异，怎样能把昨天在某古文里读过的典故，或在某杂志里看见的新名词，嵌进文章里去。这样学生的作文，真可说是走错了路了。

古人有所谓平淡说理的文章。正因为有理可说，所以不妨平淡。现在一般的学生作文，因为无理可说，所以拿些典故或新名词来做点缀品。从今以后，中学里的作文教学，应该特别注重一个理字，换句话说,就是培养他们的思想。我们要使青年们知道,思想丰富了之后,隔壁张老四的词汇也尽够用了,如果无理可说,哪怕一部哲学词典里的术语都嵌进了文章里,也是枉然。我们非但不该鼓励学生们运用典故或新名词,而且我们该劝他们特别慎重:当自己的族语里实在没有相当的词汇可以表达思想时,才不得已而用之。同时,在讲授国文或补充读物的时候,我们应该不厌求详,凡不是隔壁张老四的词汇,至少须向学生彻底解释一次,以免作文卷子里再有"捷克的汉奸"或"伪傀儡政府"一类的字眼。咬文嚼字并不是毛病,求懂一个字的精神,正是他年苦心孤诣去发明一种科学原理的精神。如果能使学生尽可能地运用自己的族语,不得已而用典故或新名词时,仍以自己彻底了解者为限,那么,用字不当的毛病就会大大减少了。

(原载《今日评论》第一卷第十九期,1939年)

谈意义不明

去年我在《今日评论》第一卷第十九期上，发表了一篇《谈用字不当》。当时打算陆续地再谈"层次不清""意义不明""文法错误""别字""误字"等，后来因事耽搁下来。最近在本刊第二期上，发表了一篇《语法和逻辑》，算是和"文法错误"有关系的。现在我想再谈一谈"意义不明"。本文里所谓"意义不明"，是指语言或文章里的字句不能表示明确的意义而言。

讲起意义不明，大家都会说是由于疏忽所致。自然，疏忽也是意义不明的一种原因。我常常看见大学里学生贴出的集会或演讲的通告，上面写着明晚某时在某地集会或请人演讲，后面却没有注明通告的日子。这样，无论在哪一天看来，都是翌日的晚上，令人不知道究竟是哪一天的晚上！这种疏忽是青年人最容易犯的，总因为做事不肯谨慎的缘故。譬如写了一封信也不高兴再念一遍，里面除了漏字错字之外，也就往往会有意义不明的地方了。

然而，有时候极细心的人说话，也会弄到意义不明。原来咱们未说话以前，总是先在脑子里打稿子。有时候，心里想了十句话，口里只说出一两句，这样就弄成意多话少的情形。意多话少，虽不一定弄到意义不明，但也往往弄到意义不很清楚的地步。例如你突然说一句："我料不到他也来了！"对话人就会问那"他"是谁（除非在某种情况之下，对话人很容易理会那"他"是替代某人的，例如某人来的事已经为对话人所知悉），甚至对话人也觉得诧异，等等。说话人普通说话的时候，总是趁着兴之所至，也就畅所欲言。绝不能处处体贴对话人的心理，处处怕他听不懂。说话如果这样处处顾虑，也就未免太苦了。

有时候，也不是意多话少，只是话和人不相宜。例如我听一位朋友谈起秀文怎样怎样，等他说了一大串，我才问那秀文是谁，原来就是他自己的妻子！这因为在我的方面，我虽然认得他的妻子，但平常只叫她张太太，不知道她本人的名字；在他的方面，他却和别的朋友（尤其是妻子的朋友）常常谈起秀文，成了习惯，所以就忘了我是不知道他的妻子的名字的。

无论是意多话少，或话和人不相宜，在对话人看来，总是意义不明；但在说话人当时的心理上，并不觉得意义不明。谈话时，经过对话人的追问，说话人一定会修正他的话，或可说是加上一两个注解。如果是写成文章，因为没有人当场追问，就没有修正或注解的机会了。虽不至像上面所举的两个例子那样不明，但使读者一时摸不着头脑的地方也是常有的。例如你说:"我虽然恨他,现在只好请他帮忙了。"如果上下文都没有说明恨他的理由,就算是意义不明。又如你说"呈贡的果子园是很著名的",如果是对全国人民说话,就该改为"云南省的呈贡县的果子园是很著名的",或在后面加上一个附注,说明呈贡是昆明附近的县,在滇越铁路旁边。你心里尽管明白,总该体贴读者的困难。

语言的本身就是有缺点的。做文章的时候,该想法补救语言的缺点,以免意义不明。例如一个江浙人说:"四川所谓一石米,比普通所谓一石米多,一石两石。"这"一石两石"的说法,江浙人听起来是即刻懂的,别处人也多数听得懂,然而这种话是不可入文的,因为到底是意义欠明;若改为"一石等于两石"就明白多了,若改为"四川的一石等于普通的两石"就更明白了。此外又有些话是可以有两种意义的,例如你说"我的父亲最喜欢我",既可解作"喜欢我的人虽多,其中要算我的父亲是最喜欢我的",又可解作"我的父亲喜欢的人虽多,然而他最喜欢的是我"。又如"儿女之爱",既可解作"父母的爱情,对于儿女的"(像周敦颐《爱莲说》里所谓"菊之爱""莲之爱""牡丹之爱"等),又可解作"儿女的爱情,对父母的"。又如"他对于我们的功劳",既可解作"他的功劳,对于我们方面的"(他对于我们的功劳是很大的),又可解作"在他的一方面,对于我们的功劳"(他对于我们的功劳不肯承认)。诸如此类,自然都可靠上下文的衬托,不致令人误会。但是,凡是可以用别的话替代的地方,总是避免这种话的好。此外又有些话,表面上似乎有两种可能的意义,其实只有一种意义是说得通的。例如"货物运输的困难"自然只能解作"运输货物的困难",不能解作"用货物作运输工具所引起的困难";但是"骡马运输的困难"却恰恰相反,只能解作"用骡马作运输工具所引起的困难",不很能解作"运输骡马的困难"。像这种不容易误会的地方,在行文上就可以随便些了。但是,若有比这个更明显的说法,即便说得繁些,我们仍然愿意鼓励大家用的。

另有一个意义不明的原因,就是做文章太着重雕琢,以致流于晦涩。有些青年初学习作,似乎过于求深,或着意避免滥调,于是造出些极端生硬的句子。所谓"费解"的话,有时候却是过于求深弄出来的毛病。晦涩和费解,都是意义不明。这种情形很容易见到,是用不着举例的。

有时候,国文教员虽批了"意义不明"四个字,其实他并不是看不懂,只是嫌它晦涩或费解。又有时候,表面上看起来是意义不明,实际上只是用词不当。例如某学生说"课文中常有英译日译的中国史地"(下一句是:"以中国之学而反取法于人"),他的意思是要说"课本中常有从英日文译过来的历史和地理。"他说得不明白,是因为他不知道"英译"和"日译"普通是做何解释的,并非因为他用了意义模糊或两可的语句。有时候,教员所谓意义不明却只是不合逻辑。例如某学生说"我开始在脑海中萦绕起来",他的意思是要说"这件事开始在我脑海中萦绕"。他说得不明白,是因为他把主语和谓语的关系弄错了,也不算是意义不明。不过,意义不明和用字不当及不合逻辑,三者的界限本来是很难分的,因为咱们该体会说话人的情况,才可以分得清楚。

如果咱们承认听不懂或看不懂就是不明,那么,所谓意义不明又是随社会而异的。知识社会的词汇,本来就和农民社会的词汇大不相同;自从欧化的词汇一天比一天增加,二者之间的距离更远。咱们和一个不识字的或知识很低的农夫谈话的时候,需要很大的艺术,就是须注意运用双方都懂的词汇,尤其是运用农夫常用而咱们罕用的词汇。否则,对话人只会瞪着眼睛对咱们表示一种似懂非懂的态度,咱们说话的目的就不能达到了。现在青年们下乡宣传的话,以及他们所贴的标语,在农民们看来,大半是意义不明的。

说到这里,咱们会联想到所谓通俗的文章。通俗大约有两种意思:其一是知识社会对于非知识社会而言,就是努力避免非知识社会所不容易懂的词汇；其二是专家对于一般知识社会的人而言，就是努力避免运用专门的术语。这两种通俗的文章有一个相同的性质，就是使极大多数的人能够看得懂。但是，这一类的文章是很难写的。作者费尽心思，把文章弄得通俗化了，读者都感觉得容易懂了，然而倒反轮着作者本人觉得他自己的文章是意义不明的了！为什么呢？因为有些知识是需要有相当修养的人才能了解的，若改浅了，势必歪曲了原来的含义。这种情形，以谈专门问题的通俗文章为尤甚。专门的术语都是有了定义的，所以有词简意赅的功效；若努力避免术语，势必弄到许多词句都是意义模糊的，不着边际的，甚至话越说得多，前后的意思越是不划一，或自相矛盾。到了不着边际或自相矛盾的地步，还不是意义不明吗？因此，所谓通俗的文章，它的能力是有限度的；并非每一个问题都可写成通俗的文章。

意义明确的最高峰是不含糊，不令人误会，而且不令人能有断章取义以资攻击的口实。这种地步是很难达到的。第一，每用一词必须有其一定的含义。意义不同的地方，用词也该不同；用词不同的地方，意义也该不同。在同一篇文章或同一部书里，用词尽可能地求其一律，当然同一词的含义也求其处处一律。第二，语句处处求其有分寸。"相同"的地方不能认为"类似"，"类似"的地方不能认为"相同"；全称的地方不能偏举，偏举的地方不能全称；例外不能不提，笼统必须避免。第三，勉强通俗虽可不必，而深入浅出却值得提倡。咱们虽不该歪曲了真理去求通俗，但是，若能从常识说到主要部分，使看得懂的人多些，比之每一句话都是"心得"，令人不易了解者，总算较合于著作的目的。我这话不过是一种理想：非但我自己不能达到这一个地步，恐怕一切的著作家，在这一点上也不能无疵可指。由此看来，普通所谓意义不明，虽是容易避免的，但如果就科学观点上严格地说起来，贤者犹不能免。咱们只能从明确程度的高低，去批评一个作品的优劣而已。

（原载《国文月刊》第一卷第五期，1940年）

谈标点格式

　　文章的标点和格式的问题，在一般人的心目中显得那样小，所以始终没有人在杂志上认真讨论过。据我所知，只有孙福熙先生在《书人月刊》上略略谈了几句，大意是指摘句号用圈不用点，及书报上的句号逗号等常常排在一行的首格。当时这一篇短短的杂感很能引起我的兴趣，总希望有机会仔细讨论这一个被一般人所忽略的问题。

　　关于句号应该用点，孙先生以为西洋的句点和分号、疑问号、感叹号是一套的，分号是句点和逗点的结合，疑问号和感叹号所带的一点也就是句点，所以句点不该用圈。这话是很对的。中国句号用圈是古法的残留，它的好处是和逗点的分别很大，排印时不容易排错；它的坏处却是使我们的标点不能全盘西化。听说有些学生写起英文来，在句子的完结处打圈，这就是受了中式标点的坏影响。其实，在中国书报上，句号用点也并不难看，曾经有人试行过（如商务出版的《复兴说话教本》），我们希望将来大家能改圈为点。付排的稿子，为了避免排错，不妨用圈，只需关照排字工人，凡遇圆圈都排圆点就是了。将来的铅字里如果废了圆圈，排字工人自然会把圈排为点的。

关于顶格标点的避免，已经有些印刷所能够做到了，例如商务印书馆的印刷所。这只是排字工人的训练问题：凡遇标点顶格的时候，只要把前一行的字匀疏些，移末一个字到这一行的第一格就行了。

以上是孙先生的话所引起的一些感想。下面是我自己要提出的一些意见。

就一般书报而论，句号实在用得太少了。原因在于句子的界限认不清。这也难怪。在英文里，如果不用连词，普通每一个句子里只能有一个定式动词，句子的界限是很容易辨认的；在中文里，我们既然没有定式动词，就难认了。普通以意思完整为一句，但这"意思完整"四字就够使人误会的。句与句之间，意义上总不免有若干关联，于是一般人总误认一小段为一句。据说某国学家写起文章来，只在每段之末用一个句号，其余都是逗号。现在报纸上的新闻就是这样标点的，而且这还算是进步的了。两年前有些报纸的新闻栏还是专用逗号，完全不用句号的呢。我们以为句号应该尽量多用，越多用则意思表示得越清楚。"因为""而且""所以"等词，在某一些情形之下，都可居于一句之首；"又""也""却""还"等字更不必认为和上句牵连不断了。

当一个懂中文的西洋人阅读中国书报的时候，一定觉得中国人太感情化了，因为几乎每一段文章总有几个感叹号；至于诗歌，竟有每句话都用感叹号的。我们知道，英文感叹号往往只用于感叹词之后，或用于 how、what 等词居首的感叹句里。此外，就很少用感叹号的：譬如感叹词后面虽紧接着用感叹号，但后面真正表示感叹的句子却不必再用感叹号了。试拿同性质的中西两部书相比较，则见中文里的感叹号实在多得惊人。最可怪的是纯理论的文章还滥用感叹号。某日报的社论里说："这是我们推测！"；另一篇论文里说："施行预防注射，庶几无虑！"。依我们看来，这种感叹号都是多余的。感叹号如果真能表示一种强烈的情感，适足以见著者不能平心静气；感叹词如果只是一种形式，则文法上并没有这种要求。至于文学作品，滥用感叹号也是有害无益的。文学家如果不能在语句里表示丰富热烈的情绪，只乞灵于区区的一直一点，有何用处？小孩天天哭喊，比不上大人的一滴眼泪来得动人。这只在乎真诚不真诚，并不在乎形式上的夸饰。

公文或书信里作感叹号也往往是不妥的。"为何"下面用感叹号，已经令人觉得未免多情；至于"敬请台安"下面再来一个感叹号，更是奇中之奇，令人想象到颤声问候的怪现象。中国书信里的请安，颇像法国书信里的"敬礼"之类，然而我们并不曾看见法文书信在"敬礼"后面加上一个感叹号。

我们并不想在这一篇短文里把一切标点的通病都谈到，但是其中最值得注意的不妨大略说两句。如一个句子终结处若附有夹注，句号应在夹注括弧的后面。又如一切反诘句都该用疑问号，不必用感叹号,更不必两种符号并用。因为反诘句在形式上和疑问句没有分别,就不必在标点符号上求其分别,读者自会辨认的。

这两年来又出了一种新毛病,就是引号的误用。自从东三省伪组织成立后,我们因为不承认"满洲国",所以把这三个字加上一个引号,意思是说,这是我们援引他人的话,我们自己并不承认。这道理是很浅显的;然而竟有人误会了。近来报纸上,甚至杂志上,往往把伪满两个字加上引号,变成"伪满"。伪满是我们的话,不是敌人的话,为什么也加引号呢?加了引号,就等于说"别人以为是伪的,我却以为是真的",岂不是和本意大相违背了吗?这是误用标点的严重影响,必须矫正才好。

以上讨论的是标点符号,下面再谈一谈格式。

不知是谁起的例,中文句子里所引的英文第一字母要用大写法。推寻倡始者的原意,大约以为英文每句的第一字母是大写的,现在虽中文里引用一二个字,不成句子,也该把第一字母大写才是。其实这种见解是错误的,英文插入中文里,无论作为文义,或作为夹注,除非用于句首,否则一律该用小写。因为英文既和中文融为一体,它就该认为中文句子里的一个"异族份子",虽属异族,实际上已经是句子的一个成素了。试看英文书里引用法文或法文书引用英文,除居句首者外,何尝大写?这虽是小事,然而在道理上是说不通的。

中文直行横行办法的混乱，可说是中西文化杂用的缩影。在引用西文甚多的书报里，横行确是好看些；若就中文本身而论，我们看不出必须横行的理由。中文也有横行的时候，例如招牌匾额等。但这种横行是由右而左的，与西文的由左而右不同。近年来有人写招牌、匾额、标语、指路牌之类，却是依照西文的办法，由左而右了。这样，我国文字共有三种排列法：当我们看一个标语的时候，由右而左看不懂，须得由左而右再看一遍；如果横看成两行，你还要当心它是直行的，因为也有人喜欢两个字作一行。假定看一个标语需时两秒钟，偶然不对劲，得倒过来看，又需两秒钟。将来欧化势力更大些，我们会连店子的字号也叫不上来。例如由右而左念去是"祥和"，由左而右念去是"和祥"，只好请教店中的老板或伙计了。这是中西冲突所引出来的麻烦。类似这种的麻烦多着呢，我们似乎也不必为此叹气；然而它的坏影响可真不小。

现在宣传抗战的标语，大多数似乎是给欧化的摩登青年看的，又有一小部分是给老秀才看的，至于农人们看得懂的，实在是太少了。写标语的人竟像嫌不够违背他们的习惯似的，于是再来一套佉卢书法，叫他们照数千年的老规矩看去（由右而左），摸不着头脑，这大约不会是宣传的初衷吧？

（原载《今日评论》第二卷第六期，1939年）

出版后记

本书原名《中国语文概论》,最初由商务印书馆出版于抗日战争时期。1950年开明书店出版时改名《中国语文讲话》,后又多次修订。1955年改由文化教育出版社再版时,作者对相关内容进行了增删和调整,更名为《汉语讲话》。1985年收入《王力文集》时,又依据前几种版本做了一些改动,由山东教育出版社出版,仍称《汉语讲话》。2002年由商务印书馆再次出版,改名《语文讲话》。

本次出版以1985年版《汉语讲话》为底本,并参照1955年版做了部分修订,仍名《汉语讲话》。附录部分依据《王力文集》选取了《字的写法、读音和意义》《字史》等有代表性的论文,以作为对主体内容的补充,同时对个别地方做了改动。上述修订和改动主要包括:

修正了前几版在印刷时的音标、字母、标点等错误;对繁体字和异体字进行了简化处理;删去了原书前面的序言;核对了例句及其出处,并对不当之处进行了修改;对于重大改动之处,在例句后做出了注释说明。

另外,为了保持文章的原貌,此次出版对于旧的术语、学术观点、行政区划、国名等未做改动。

图书在版编目（CIP）数据

汉语讲话 / 王力著 . -- 北京：北京联合出版公司，
2019.6（2024.11 重印）

ISBN 978-7-5596-3082-7

Ⅰ.①汉… Ⅱ.①王… Ⅲ.①汉语—语言学—通俗读物 Ⅳ.① H1-49

中国版本图书馆 CIP 数据核字 (2019) 第 058676 号

汉语讲话

著　　者：王　力	
出 品 人：赵红仕	选题策划：后浪出版公司
出版统筹：吴兴元	特约编辑：王世建
责任编辑：徐　鹏	封面设计：肖　雅
营销推广：ONEBOOK	装帧制造：墨白空间

北京联合出版公司出版
（北京市西城区德外大街 83 号楼 9 层　100088）
嘉业印刷（天津）有限公司印刷　新华书店经销
字数 116 千字　720 毫米 × 1000 毫米　1/32　8 印张
2019 年 6 月第 1 版　2024 年 11 月第 4 次印刷
ISBN 978-7-5596-3082-7
定价：30.00 元

后浪出版咨询(北京)有限责任公司　版权所有，侵权必究
投诉信箱：editor@hinabook.com　fawu@hinabook.com
未经书面许可，不得以任何方式转载、复制、翻印本书部分或全部内容
本书若有印、装质量问题，请与本公司联系调换，电话 010-64072833